무비 스님의
신심명 강의

무비 스님의

신심명 강의

조계종
출판사

책을 펴내며

　세상에 태어나서 다행하게도 부처님의 가르침을 만나고 다시 여러 조사 스님들의 어록을 배웠다. 더하여 선시禪詩로서는 천고 의 절창이라 할 삼조三祖 승찬僧璨 스님의 「신심명信心銘」을 얻었다. 어려서부터 막연히 좋아서 읊조리고 흥얼거리다가 선원에 출입하 면서 그 의미가 더욱 가슴에 와 닿았다.

　몇 가지의 해설서를 접하면서 나도 한 번 강의를 해 보리라고 마음 먹은 것이 인연이 되어 수차에 걸쳐서 강의를 하였다. 근년 에 들어서 인터넷이라는 기상천외의 기술이 개발되고 모든 사람이 함께 활용하는 시대에 살면서 인터넷을 통해 강의를 하게 되었다.

　「신심명」은 한 구절, 한 구절이 모두 점철성금點鐵成金하는 명 언명구다. 하지만 "모두 꿈이요 환영이요 헛꽃인 것을, 어찌하여 수고로이 붙잡으려 하는가. 이득과 손실과 옳고 그른 것을 일시 에 모두 다 놓아버려라(夢幻空華何勞把捉得失是非一時放却)"라는 구절 은 읽을 때마다 가슴이 쓰라림을 느낀다. 이것이 감동인지 깨달음인지는 모르겠으나 이러한 감흥을 함께하고자 강의를 하였다. 그리고 그것을 녹취하여 다시 다듬고 교정하는 많은 도반과 그 뜻을 함께하여 이렇게 조계종출판사의 도움을 얻어 출판하게 되었다.

이 아름다운 불사에 동참하신 모든 분의 방명芳名을 일일이 기록하지 못하였으나, 다 함께 빛나는 깨달음의 지혜로써 인생을 슬기롭고 행복하게 사시기를 기도 드린다.

2007년 2월 동안거 결제 중에 如天 無比 씀

차례

신심명 강의를 시작하며

「신심명」은 깨달음이 높으신 분의 최상 법문입니다. 깨달으신 분들의 가르침을 우리가 100% 이해한다는 것은 불가능한 일입니다. 이해를 못 하다 보니 설명을 제대로 하는 것은 더욱 어려운 일입니다. 그래서 공부를 하면 할수록 이해가 달라지고 설명이 달라집니다. 설사 어제 어느 구절을 이해하고 설명했다 하더라도 오늘 역시 그 설명이 똑같으리라고 생각할 수 없는 것입니다.

이와 같이 보통 사람들이 깨달은 분의 가르침을 제대로 이해하고 설명한다는 것은 참으로 어려운 일입니다. 그래서 아무리 공부했다 하더라도 또 해야 하고, 공부하고 또 하는 과정에서 조금씩 조금씩 그 뜻이 더욱 가슴에 와 닿아, 깨달은 성인들의 마음에 한 걸음 한 걸음 다가가는 길이 열리지 않을까 하는 생각을 합니다.

「신심명」에 대한 책들도 많고 강의도 곳곳에서 많이 합니다. 그렇더라도 「신심명」은 금생뿐만 아니라 세세생생 공부의 과제로 삼아도 조금도 손색 없는 아주 훌륭한 가르침입니다. 그러니 이 기회에 알뜰히 공부하고 또 해야 할 내용이라고 생각합니다.

이번 강의에서는「신심명」원문을 직접 보면서 말씀드리려고 합니다. 글자도 짚어 드리고 새기는 법도 짚어 드리고, 거기에 담겨 있는 뜻도 제가 아는 만큼 짚어 드리겠습니다.

「신심명」은 분량이 얼마 되지 않으니 이것을 직접 100번쯤 써 보시기 바랍니다.「신심명」은 100번이 아니라 1,000번을 써도 결코 시간을 낭비하는 것이 아닙니다. 정말 아주 보람 있는 일을 했다, 큰 불사를 했다고 할 정도로 자부심을 느낄 수 있을 것입니다. 100번쯤 사경을 하시면 글자 한 획 한 획도 다 소상하게 알게 되면서 외울 수 있을 것입니다.「신심명」을 쓰고 외워서 그 뜻을 이해하고 설명할 줄 안다면, 어디에서든지 문자를 마음대로 구사해 가면서 부처님 사상의 진수를 전할 수 있을 것입니다. 이는 일생 동안 얻을 수 있는 그 어떤 재산보다도 훌륭한 재산을 마련하는 것이 아닐까 생각합니다.

중국의 승찬僧璨 스님께서 저술하신「신심명」은 깨달음이 높으신 분의 최상 법문입니다. 내용이 많지는 않습니다만, 그 안에 부처님의 사상을 오롯이 담고 있습니다. 그래서 과거의 조사 스님들께서도「신심명」안에는 팔만대장경이 함축되어 있다는 말씀을 하셨습니다. 불법의 정수를 담고 있는 짧은 글을 선택한다면, 바로 이「신심명」을 선택할 정도로 내용도 훌륭하고 문장도 빼어납니다.

내용을 살펴보기 전에 먼저,「신심명」을 저술한 승찬 스님에 대해 말씀드리겠습니다. 승찬 스님은 보통 '삼조三祖 승찬 스님'이라고 이야기합니다. 여기서 '삼조'라는 말부터 살펴봅시다. 부처님께서 우리 불교의 정맥을 가섭 존자에게 전했습니다. 그러므로 가섭 존자가 제1조가 됩니다. 그 법을 아난 존자가 이었으니 아난 존자가 제2조가 되고, 이렇게 해서 아시는 대로 달마 스님까지 28대의 법맥이 이어져 옵니다.

그런데 달마 스님은 중국으로 건너와 부처님의 법을 중국에 전하게 되었습니다. 중국에서의 법맥은 달마 스님을 제1조로 시작합니다. 달마 스님의 법을 이은 혜가慧可 스님이 이조二祖, 삼조 승찬 스님, 그 다음에 사조四祖 도신道信 스님, 오조五祖 홍인弘忍 스님을 거쳐 육조六祖 혜능慧能 스님으로 법이 이어졌습니다.

우리가 공부할 「신심명」을 지은 분이 바로 삼조 승찬 스님입니다. 「신심명」은 부처님의 가르침을 잘 담고 있는 승찬 스님의 불후의 명작으로, 근래에는 육조 혜능 스님의 제자인 영가 스님의 「증도가」와 함께 선시의 최고봉으로 평가받고 있습니다.

승찬 스님은 수나라 양제 대업 2년(606년) 10월 5일에 입적하셨다고 기록에 남아 있는데, 태어난 시기는 정확히 남아 있지 않습니다. 승찬 스님이 돌아가신 지 150년쯤 뒤에 당 현종이 '감지鑑智'라는 시호와 '각적覺寂'이라는 탑호를 내렸습니다. 이 일을 계기로 해서 더욱 널리 알려지게 되었습니다.

승찬 스님은 제 개인적으로 특별히 마음이 가는 분입니다. 그 이유는 승찬 스님의 생애와 관련이 있습니다. 스님은 출가하기 전, 거사로서 법을 받았습니다. 기록에 보면 '대풍질'이라는 아주 무서운 병에 걸렸다고 하는데, 흔히 나병이라고 부르는 한센병입니다. 승찬 스님은 출가 전, 이 병에 걸려 여러 해 동안 고생했다고 합니다.

　그런데 마침 달마 스님의 법을 이은 이조 혜가 스님의 소문을 듣고, 큰 도인을 만나면 자신의 병을 고칠 수 있지 않을까 하는 생각에 무작정 혜가 스님을 찾아 길을 떠났습니다. 어렵게 혜가 스님을 만난 승찬 스님은 이렇게 부탁했다고 합니다.

　"저는 대풍질을 앓고 있습니다. 과거에 죄가 많아서 그런가 봅니다. 어떻게 참회를 하면 병이 낫겠습니까? 스님께서 참회시켜 주십시오."

　이 이야기를 들은 혜가 스님은 달마 스님에게 들은 이야기와 비슷한 말을 합니다. 당신이 처음에 불안한 마음으로 달마 스님을 찾아갔다가, 불안한 마음을 어떻게 치유해야 하는지 달마 스님께 묻습니다. 결국은 달마 스님에게 좋은 가르침을 받고 불안한 마음이 씻은 듯이 가시게 되었는데, 이 두 분의 대화와 흡사한 내용이 이 두 분의 대화에서도 오고갑니다.

　"그대가 죄가 많아서 그런 병을 앓고 있다고 하니, 그 죄를 가져와 나에게 보인다면 그 죄를 내가 참회시켜주겠다."

　혜가 스님의 말씀은 승찬 스님이 상상하지도 못하던 상황입니다. 아무리 생각해 봐도 죄를 찾을 수 없습니다. 정말 죄가 많아서 큰 병을 앓고 있다고 생각했는데, 죄를 찾아봐도 도저히 찾을 수 없습니다. 그래서 "아무리 찾아도 찾을 수가 없습니다" 하고 고백을 하니, "그렇다면 그대의 죄는 모두 참회되었다"라고 하십니다. 혜가 스님의 말씀은 죄를 찾을 수 없다면 다 공한 것 아닌가 하는 뜻입니다.

불교는 이치를 깨닫는 것이지 난행고행難行苦行을 하는 것이 아닙니다. 난행고행도 이치를 깨닫기 위한 것입니다. 한 마디 말을 듣고 이치를 깨닫거나, 고행을 해서 이치를 깨닫거나, 기도를 해서 이치를 깨닫거나, 참선을 해서 이치를 깨닫거나, 경전을 봐서 이치를 깨닫거나, 어떤 방법을 통해서든 이치를 깨닫는 것이 불교 아닙니까? 불교란 한마디로 깨달음의 가르침인데, 바로 그 깨달음을 통해서 이해하면 그뿐입니다. 그러니 이제 그런 이해를 했으니 아무 문제 없는 것입니다. 죄의 성품이 본래 공하다는 것을 이해했다는 것입니다.

혜가 스님이 이어서 말씀하십니다.

"그대는 그저 불·법·승 삼보에 의지해서 안주하라."

병을 앓으며 여러 해를 나그네로 살았으니 그 몰골이 오죽했겠습니까? 그러니 그냥 상식적인 수준에서 "불·법·승 삼보에 의지해서 살도록 하라"라고 일러줬습니다. 그런데 승찬 스님은 불교의 불 자도 모르는 사람이다 보니 처음 듣는 말입니다. 그래서 묻습니다.

"지금 화상을 뵙고 승보라는 것은 알았는데, 어떤 것을 불보라 하고, 법보라고 합니까?"

혜가 스님은 이렇게 대답합니다.

"마음이 부처다. 또 마음이 법이다. 법과 부처는 둘이 아니다. 승보도 결국은 마음이다. 불보도 마음이요, 법보도 마음이요, 승보도 또한 마음이다. 마음밖에 다른 것이 없다. 불·법·승 삼보만 마음이 아니라, 온 우주 법계가 다 마음이다."

우리가 지금 말하고, 듣고, 책 읽고, 이런 시간을 함께하는 것, 이것이 전부 마음이 하는 것입니다.

승찬 스님은 이 말씀을 듣고 깨달은 것이 있었습니다.

"오늘에야 비로소 죄의 성품은 마음에도 없고 마음 안에도 없고 마음 밖에도 없고, 또 중간에도 없다는 것을 알았습니다. 마음이 그러하듯이, 불보와 법보도 둘이 아닌 줄 알았습니다."

결국은 불·법·승 삼보만 그런 것이 아니라 모든 것이 다 마음이라는 사실을 알았다는 말입니다. 그렇다면 따로 건강한 몸이다, 병든 몸이다 하고 분별하여 나눌 까닭이 없습니다. 금으로 불상을 만들었든, 칼을 만들었든, 코끼리 형상을 만들었든, 오직 금일 뿐이라는 사실입니다. 불상을 만들었다고 그 금값이 더 나가는 것도 아니고, 코끼리 형상을 만들었다고 해서 그 금값이 덜 나가는 것도 아닙니다.

그런 이치를 이분이 깨닫게 되었습니다. 삼보, 사홍서원, 삼귀의, 사제, 팔정도, 십이연기가 뭔지 들어 본 적 없던 분이 바로 이렇게 지름길로 불교에 뛰어든 것입니다. 지름길이라고 할 것도 없습니다. 바로 정법을 만나서 한순간에 불법의 근본을 알게 된 것입니다.

그래서 혜가 스님은 승찬 스님의 법기法器가 아주 훌륭하다고 생각하고 비로소 머리를 깎아주었습니다. 그리고 "그대는 나의 보배다"라고 하시며 스님 승僧 자, 구슬 찬璨 자를 써서 '승찬'이라 부르게 되었습니다.

그해 3월 18일 광복사에서 비구계를 받았는데, 그 후 저절로 병이 나아 2년 동안 혜가 스님을 시봉했다고 합니다.

승찬 스님은 불교에 대해서 아무것도 모르던 분이 고치기 어려운 병에 걸려서 오랫동안 고생하다가, 큰스님을 찾아가서 나눈 몇 마디를 통해 모든 것이 다 마음의 이치라는 것을 확연히 깨달은 분입니다. 그래서 승찬 스님의 인간적인 삶에 관심과 애착이 갑니다. 특히 「신심명」이라는 불후의 명작을 탄생시켜서 이렇게 오랜 세월 동안 많은 사람의 소견을 열어 눈뜨게 해 주신 점은 언제나 감동스럽습니다.

우리가 불자로서 「신심명」 공부 한 번 못 한다면 다른 보람이 뭐가 있겠습니까? 부처님과 인연을 맺었다면 불교에 담긴 뛰어난 가르침을 공부하는 그런 행복, 그런 다행을 얻는 것이 불자의 보람입니다. 또 그러면서 뭔가를 얻을 수도 있는 것입니다. 그 외에 달리 무슨 소득이 있겠습니까.

이제 「신심명」의 제목에 대해 이야기해 보겠습니다.

'신심'이라는 말은 우리가 자주 쓰는 말이지만, 여기에서는 우리가 쓰는 그런 의미의 신심이 아닙니다. 부처님 전에 절을 많이 한다든지, 공양을 많이 올린다든지, 불사를 잘 한다든지 하는 차원의 신심이 결코 아닙니다. 이런 신심을 염두에 두고 들으면 얼른 이해가 안 됩니다. 「신심명」의 '신심'은, 그런 신심을 다 던져 버리고 마음의 도리를 찾는 것입니다. 믿는 마음이라고 하는데, 믿는다는 것과 마음이라고 하는 것은 도대체 무엇인가? 또 믿는 마음의 실체는 무엇이고 실상은 무엇인가? 이런 것을 찾는 것입니다.

신앙심이 아주 돈독해서 일상생활에서 예불 많이 하고, 염불 많이 하고, 공양물 잘 올리고, 삼천위의三千威儀와 팔만세행八萬細行을 잘 갖추어서 행동거지가 모범적인 것도 물론 좋은 신심입니다. 그렇지만 「신심명」에서 그런 이야기는 한 마디도 없습니다. 그야말로 우리 자신을 포함한 모든 것의 근본이고, 그런 근본을 제대로 이해함으로써 우리의 삶이 바르게 되며, 인생을 살아가며 누릴 수 있는 최상의 행복과 보람을 바로 이 신심이라는 한 마디에서 찾을 수 있다는 것입니다. 그래서 신심이라는 말은 우리 인생을 극대화시키는 말이고, 우리 인생을 가장 의미 있고 보람 있게 해 주는 말이며, 우리들에게 정말 멋진 삶을 약속하는 말이라고 말씀드릴 수 있습니다.

다시 말씀드리지만, 「신심명」에서 '신심'이라는 것은, 우리가 신앙심을 거론하며 부처님을 향해 신심이 있다고 하는 그런 것이 아닙니다. 마음의 근본 문제, 또 그 마음의 문제를 통해서 이상적인 삶을 어떻게 엮어 갈 것인가 하는 문제가 신심이라는 뜻입니다. 이것을 다른 말로 하면 「신심명」 첫 구절에 나오는 '지극한 도'입니다. 아주 멋진 도, 멋진 인생, 이상적인 인생, 그리고 이상적인 삶의 태도, 이것이 지극한 도입니다. 그런데 그것은 결코 어렵지 않다고 합니다. 어렵지는 않지만 오직 가려내고 선택해서 내 것으로 만드는 일, 이것만 꺼릴 뿐이라고 합니다. 이것만 유의해서 하지 않으면 된다고 합니다.

이제 이런 이야기가 꾸준히 이어집니다. 일단 서론을 대신해 승찬 스님 이야기와 「신심명」의 제목에 대해서 전해 드렸습니다. 특히 승찬 스님은 오랫동안 병을 앓다가 이조 혜가 스님을 만나 짧은 대화를 통해 후련하게 깨닫고 부처님의 법맥을 이은 분입니다. 그렇기 때문에 승찬 스님의 인생에 더욱 애착과 관심이 갑니다. 또 「신심명」이 워낙 함축된 문장에 뛰어난 내용을 담고 있기 때문에 「신심명」의 내용을 전해 드리려는 것입니다.

신심명 강의

제1강

지 도 무 난
至道無難

유 혐 간 택
唯嫌揀擇

지극한 도는 어려움이 없으며
오직 간택함을 싫어할 뿐이다.

　지극한 도란 무엇일까요? 아주 난해한 설명일 수 있지만 우리
일상에서 있을 수 있는 일로 설명하려고 합니다. 지극한 도는 불
법, 지혜, 법이라고 해도 좋겠지만 이런 현학적인 표현을 버린다
면, 한마디로 바람직한 삶입니다. 도는 사람이 사는 길인데 그
길이 어떤 것인가? 바로 인간이 누릴 수 있는 최상의 삶이란 뜻
입니다. 그것을 행복이라고 할 수 있고, 대자유, 완전한 평화라
고도 이야기할 수 있습니다. 그래서 인간이 생각할 수 있는 가
장 이상적이고 멋지고 근사한 삶을 지극한 도라고 정의하겠습니
다. 그래야 우리 일상생활에 와 닿을 수 있고, 손을 뻗으면 닿을
만한 곳에 있어야 눈여겨볼 수 있고 마음을 낼 수 있습니다. 지

극한 도라고 해서 저 멀리 우리와 상관없는 것으로 설명하여, 말한 사람도 모르고 듣는 사람도 모르게 말할 수는 없는 것입니다. 「신심명」은 가장 바람직한 인생이란 결코 어려운 것이 아니라는 말로 시작하고 있습니다.

이런 바람직한 인생에 '가리는 일'이 문제가 된다고 합니다. 그것만 제외하면 가장 바람직하고 이상적인 인생에는 아무런 어려움이 없습니다. 명예를 가져야 하는 것도 아니고, 돈을 많이 가져야 하는 것도 아니고, 학식이 많아야 하는 것도 아닙니다. 사실 이런 조건이라면 멋진 인생은 참 어려울 것입니다.

그런데 여기서는 가장 멋진 인생은 어렵지 않고 오직 가려내고 선택하는 일만 하지 않으면 된다고 말합니다. 간택에 대해 잠시 설명하겠습니다. 예를 들어서 쌀과 뉘가 섞여 있을 때, 쌀을 취하는 것은 택이고, 돌이나 뉘를 가려서 내버리는 것은 간입니다. 간은 가려내 버리는 것이고, 택은 선택해서 갖는 것입니다.

우리는 쌀을 얻기 위해서 벼를 심습니다. 하지만 벼의 뿌리나 잎, 껍질, 겨, 그런 것들도 각자의 입장에서 보면 동등한 가치를 갖습니다. 사람이 밥을 먹기 위해서 쌀을 취하지만, 겨의 입장에서 보면 겨가 없으면 쌀이 존재할 수 없습니다. 그런 의미에선 쌀과 겨는 동등한 가치가 있습니다. 그렇다고 쌀과 겨를 섞어서 밥을 하라는 것은 아닙니다. 쌀이 쌀이 되도록 하는 겨, 줄기, 잎이라든지 그 모든 것을 동등한 가치로 이해하라는 말입니다. 모든 것이 나름의 가치를 가지고 있다는 사실, 그것이 바로 '유혐간택'입니다.

이것이 간택을 부정하는 이유입니다. 모든 사물과 일에 대해 중도적인 안목으로 이해하고 그런 중도적인 입장에서 삶을 처리해 갈 때 자유가 있고 평화가 있고 멋진 삶이 있다는 뜻입니다. 가장 이상적이고 멋지고 자유와 평화와 행복이 가득한 삶, 즉 지극한 도는 다만 내 마음에 맞고 필요한 것이라고 해서 선택하거나 그 반대의 것이라고 해서 가려내어 버리는 일이 있어서는 안 된다는 것입니다.

하지만 간택하는 것이 보통 사람의 삶입니다. 무슨 일이든지 선택할 수밖에 없는 것이 우리 생활 속에 배어 있는 일입니다. 그런데 그것이 지나치다 보니 문제가 생기고 그 문제가 깊어질수록 우리 인생이 지니고 있는 가치와 보람을 잃게 된다는 뜻입니다. 그래서 이상적이고 행복하고 평화로운 인생이란 그리 어려운 것이 아닌데 너무 간택하는 생활에 젖어 있어서 그것이 쉽지 않다는 말로 「신심명」을 시작하고 있습니다.

앞에서 말씀드렸듯이 승찬 스님은 세속인으로서의 생활을 제대로 했다고 할 수 없습니다. 문둥병에 걸려 여기저기서 천대받으며 겨우 목숨을 연명하다가 혜가 스님을 만나서 마음의 눈을 뜨게 된 분이 아닙니까? 그러니 보통 사람들이 느끼지 못하는 깊고 아픈 이해와 경험을 갖고 있는 분입니다. 삶에 대해 누구보다 가슴 깊이 느끼고 살아온 분입니다. 그런 분이기에 이상적인 삶이란, 건강한 육체라고 해서 최상이 아니고 병든 육체라고 해서 버릴 것이 아니란 가르침을 주십니다. 어떤 의미에서 보면 똑같이 동등한 가치가 있는 삶이라는 의미까지 포함되어 있습니다.

제가 「신심명」에 특별히 애착이 가는 것은 이분의 삶을 떠올릴 수밖에 없기 때문입니다. 그분의 처절한 삶이 묻어 있기 때문에 글자 한 자 한 자를 대충 설명하고 넘어갈 수 없습니다. 한 글자 한 글자마다 그분의 고뇌와 아픔이 진하게 녹아 있는 그런 느낌입니다.

사실 간택은 보통 사람의 삶입니다. 친구를 보더라도 내 마음에 들면 선택을 하고 내 맘에 들지 않고 내 말에 꼬투리를 달면 별로 만나고 싶지 않습니다. 그게 보통 사람의 마음입니다. 시장에 가서 과일을 사도 가려서 사지 않습니까? 조금이라도 벌레가 먹었다거나 흠집이 있으면 가려내고 마음에 드는 것을 골라서 선택합니다.

이것은 다 우리 생활 속에 어쩔 수 없이 배어 있는 일이고 그럴 수밖에 없는 상황이 많습니다. 그런데 그것이 지나치다 보니 문제가 생기고 그 문제가 깊어지면 더욱 더 우리 인생이 갖고 있는 가치와 보람을 잃어 버리게 된다는 그런 뜻입니다. 그래서 첫 마디가 이상적이고 행복하고 평화로운 인생이란 게 그리 어려운 것이 아닌데, 너무 간택하는 생활에 젖어 있어 우리 인생이 크게 마음에 내키지 않도록 되어 있다는 말입니다.

단 막 증 애
但莫憎愛

통 연 명 백
洞然明白

다만 미워하고 사랑하지 아니하면
환하게 명백하리라.

우리는 현상을 그대로 보지 못하고 나의 틀을 가지고 봅니다.
지금까지 살아온 상황들이 나의 기준과 잣대와 틀을 형성하여
내 잣대, 내 틀, 내 경험을 가지고 봅니다. 누구나 이런 틀을 가
지고 있으며, 그 틀에 세상을 맞춥니다. 한 마디 들으면 바로바
로 평가하고, 이것이 내 기준과 내 잣대에 맞는가 맞지 않는가를
밝히는 데 몇 초도 안 걸립니다.

마음에 드는 것은 애착하고 마음에 들지 않는 것은 싫어합니
다. 미워하는 마음과 사랑하는 마음이 처음에는 작지만 나중에
는 커져서 극과 극으로 치닫게 됩니다. 거기에서 지옥과 극락이
갈라집니다.

특히 한국사회에서 그런 점이 심합니다. 보수다, 진보다 하면서 정치·경제 등 여러 분야에서 간택이 심하고, 간택이 결국 증애심을 불러오고 증애심이 너무 심해서 결국 귀에 담을 수 없는 비난과 음모들이 난무하는 세상이 되었습니다.

"환하게 명백하다"라고 했는데 무엇이 명백해지는 것일까요? 지극한 도, 즉 가장 멋진 삶이 증애심만 없으면 환하게 드러난다는 이야기입니다. 증애심 때문에 이상적인 삶이 내 앞에 나타나지 못한다는 말입니다. 온갖 것이 마음에 담겨 있지 않습니까? 퇴근 후 집에 돌아와도 회사에서 있었던 일들이 찌꺼기처럼 우리 팔식에 다 남아 있지 않습니까? 하루 동안 마음에 들었던 것과 마음에 들지 않았던 것이 떠오르고, 오늘뿐 아니라 어제나 과거 몇십 년 전에 있었던 것까지 떠올려서 공연히 미워하는 마음이나 사랑하는 마음을 일으킵니다. 그러한 것들 때문에 우리의 이상적인 삶, 행복과 평화가 있는 지극한 삶이 명백해지지 못한다는 뜻입니다. 그것만 없으면 환하게 명백하다고 이야기합니다.

「신심명」이 여러 구절이긴 하지만 이 네 구절이 제일 중요합니다. 옛날 어느 왕이 큰스님에게 「신심명」의 깊은 뜻을 써 달라고 하니, 이 네 구절을 큼직하게 쓰고 나머지는 작게 써 주었다고 합니다.

이 네 구절이 「신심명」의 대전제고, 그 다음부터는 다양한 시각에서 풀어냅니다. 우리들 마음에 흘러가는 온갖 감정과 일상에서 만나게 되는 일들을 하나하나 예로 들며 이 틀에 맞춰 해소시켜 가는 형식을 취하고 있습니다. 이것이 「신심명」의 글 됨됨이라고 할 수 있습니다.

호 리 유 차
毫釐有差
천 지 현 격
天地懸隔

털끝만큼이라도 차이가 있으면
하늘과 땅처럼 벌어진다.

　'호毫'와 '이釐'는 모두 저울눈에 있는 아주 작은 단위를 가리킵니다. 그래서 '호리'는 분량이 아주 적은 것을 뜻합니다. "털끝만큼이라도 차별이 있다면 하늘과 땅처럼 멀어지리라." 그렇게 말하고 있습니다. 지극한 도, 즉 이상적이고 행복과 평화와 자유가가득한 삶은 증애심만 없으면 통연히 명백하다고 했습니다. 그런데 그 증애심을 없애고 간택하지 않아야 한다는 원칙에서 털끝만큼이라도 어긋난다면 그것이 인연이 되어 결국 하늘과 땅처럼 벌어진다는 뜻입니다.

　'현懸'은 '매달리다', '격隔'은 '사이가 뜬다'는 뜻이므로, '현격'은 동떨어졌다 · 멀다 · 차이가 크다는 뜻입니다. 처음에는 원칙에 조금 어긋나서 별것 아닌 것처럼 여겨지지만 금방 눈덩이처럼 불어나서 나중에는 하늘과 땅처럼 멀어지고 만다는 말입니다.

승찬 스님이 당신의 깨달음의 세계를 선시의 형식을 빌어서 표현했는데, 우리에게 얼마나 와 닿는가는 의문일 수밖에 없습니다. 설사 스님의 가르침이 100% 내 살림살이가 안 되더라도 자꾸 사유하여, 내 삶의 교훈으로 해석하다 보면 승찬 스님의 수준에 한 걸음 한 걸음 다가갈 수 있는 그런 길이 열릴 수 있습니다. 도인이나 할 소리고 부처님이 할 소리다 하고 미루어 버릴 일이 아닙니다.

저는 이 부분을 보다가 '어려움이 없다고는 하지만 사실은 이것이 너무 어려운 일인데…' 하고 혼자 중얼거리곤 합니다. 보통 사람으로 증애심을 없애기가 쉽지 않습니다. 깨달은 이치에서 보자면 쌀은 쌀대로, 겨는 겨대로 가치가 있습니다. 예를 들어 감나무 잎은 잎대로, 줄기는 줄기대로, 감은 감대로 동등한 가치를 가지고 있고 그 나름의 중요한 역할을 다 하고 있습니다. 그렇다고 감잎이나 줄기를 감처럼 사용할 수는 없습니다. 각자의 입장에서 충분히 이해해야 한다는 말입니다. 다만 그 이해가 그야말로 털끝만큼의 의혹도 없이 철저해야 합니다. 상대방의 입장과 상대방의 가치를 철저히 이해하고 인정해 주면 그것으로도 차별은 상당히 사라질 것입니다.

우리는 살면서 형제나 이웃, 친구와 비교하는 등 매사에 남과 비교하는 습관이 있습니다. 그런 습관을 버려서, 내 삶은 내 삶대로 가치가 있고 그의 삶은 그의 삶대로 가치가 있으므로 서로

의 입장을 십분 이해하라는 가르침으로 이 구절을 이해해도 좋겠습니다. 「신심명」을 그렇게라도 이해하면서 접근하는 것, 이것이 우리가 할 수 있는 일이 아닌가 싶습니다.

욕 득 현 전
欲得現前

막 존 순 역
莫存順逆

(도가) 앞에 나타남을 얻고자 하면
순하고 거슬림을 두지 말라.

　지극한 도, 이상적인 삶, 평화와 자유와 행복이 가득한 삶이 눈
앞에 환히 나타나게 하려면, 순과 역을 두지 말라고 하였습니다.
　내 마음에 맞는 것을 '순', 거슬리는 것을 '역'이라고 합니다.
공부할 때도 '순경계'와 '역경계'가 있는데, 역경계는 어지간히 불
교 공부를 한 사람이라면 이겨 낼 수 있지만, 순경계는 이겨 내
기 어렵다고들 합니다. 나를 음해한다든지, 욕한다든지, 나와 잘
안 맞는 것은 수행을 하려는 사람이라면 잘 이겨 냅니다. 그러나
나에게 이로운 것, 내 귀에 달콤한 것, 내 생각에 잘 맞는 것은
오히려 끄달리기 쉽다는 말입니다.
　그런데 그런 수행을 하는 사람, 즉 생각이 있는 삶을 살려는

사람이 아닌 경우에는 나에게 거슬리는 것을 이겨 내기 훨씬 어려운 법입니다. 그러나 조금 생각이 있는 사람은 역경계는 잘 이겨 내지만, 내 마음에 맞고 내 마음에 드는 것을 이겨 내기가 어렵습니다. 그것 자체가 큰 유혹입니다.

여기에서는 그 모든 것을 마음에 두지 말라고 합니다. 순과 역을 마음에 두지 말아야 지극한 도가 현전한다, 즉 바람직한 인생이 내 앞에 나타난다는 뜻입니다.

그런데 우리의 삶이란 것은 매순간이 순과 역이고, 증과 애고, 간택입니다. 그것을 치다꺼리하다가 하루가 가고, 한 달이 가고, 일 년이 가고, 일생이 갑니다. 늘 간택하면서 미워하고 좋아하는 것 따라다니고, 내 마음에 든다 안 든다 하며 사는 것이 우리의 인생이지 않습니까?

승찬 스님께서 그런 경험을 얼마나 많이 했겠습니까? 모진 병을 앓으며 많은 사람에게 돌팔매질을 당하면서도 어디 가서 항의 한 번 하지 못하고 그저 자신의 업이고 죄려니 생각했겠지만, 그런 울분이 어디 쉽게 녹아내리겠습니까? 죽고 싶을 때도 있고, 불같은 분노가 일 때도 있고, 정말 서글프고 외로울 때도 있었을 것입니다.

이분이 겪은 병고의 세월은 부처님의 6년 고행이나 달마 스님의 9년 면벽과 맞먹는 것이라고 생각합니다. 그런 인고의 세월을 견뎠기에 「신심명」과 같은 불후의 명작을 남기지 않았나 하는 생각도 듭니다. 의미 있게 사는 사람은, 자기가 손해를 보거나 자신의 의지와 어긋나는 경우에도 결코 헛된 것이라고 생각지 않습니다. 병이 들었든, 사업에서 손해를 봤든, 다른 이들로부터 비난을 받았든, 내 마음에 거슬리는 일들을 잘 수용합니다. 그리고 거기에서 전화위복의 길을 찾습니다. 승찬 스님 역시 자신의 처지를 깨달음으로 십분 활용했다고 생각합니다.

이상적인 삶에는 조건이 있는 것이 아니라 마음속으로부터 그것이 발현되는 것입니다. 그저 내 마음에 맞는 것과 거슬리는 것을 두지 않으면 됩니다. 그렇게 되면 자기의 처지에 상관없이 평화와 자유가 가득한 삶, 이상적인 삶, 즉 지극한 도가 저절로 나타난다는 뜻입니다.

신심명 강의

제2강

위 순 상 쟁
違順相爭

시 위 심 병
是爲心病

어기고 순함이 서로 다투면

이것이 마음의 병이 된다.

여기에서는 '위순심'이 나옵니다. 순역심이나 위순심이나 말을 바꾼 것일 뿐 뜻은 같습니다. "어기고 순한 것이 서로 다툰다"라는 말은 나에게 맞는 것과 나에게 거슬리는 것이 서로 다툰다는 말입니다. 그것이 마음의 병이 된다고 하였습니다.

우리가 지극한 도, 아주 멋지고 이상적인 삶, 아주 지극하고 평화로운 삶을 이루지 못하는 것은 바로 간택심, 증애심 그리고 어기고 순하는 마음이 조화를 이루지 못하기 때문이라고 합니다. 이것이 마음의 병이 되어 행복한 삶을 방해한다는 것입니다.

그런데 그런 마음은 왜 생기는 것일까요? 중생들이 어리석기 때문에 무엇을 보거나 들으면서 마음이 한번 가기 시작하면, 그것을 내 살림살이로 생각해서 거기에 옳다 그르다, 나에게 득이 된다 병이 된다, 독이 된다 약이 된다, 이런 것을 마음으로 계산하지 못하고 그냥 덥석 물고 맙니다. 우리가 주변에서 일어난 상황에 대해 좋은 상황은 좋은 대로 즐거워하고, 좋지 않은 것은 좋지 않은 대로 발끈하는 것도 마치 미끼를 덥석 무는 물고기와 같습니다. 덥석 무는 것이 바로 집착입니다. 그 집착 때문에 병이 생기고 그 병 때문에 고통이 오는 것입니다.

그래서 승찬 스님의 「신심명」은 물론이고 모든 깨달은 분들의 가르침은 우리가 하루하루 살아가며 겪는 모든 일들, 예를 들어 사람 관계라든지 일 관계라든지, 부귀나 영화나 물질 등에 대해서 그 실체를 제대로 파악하라고 하였습니다. 실체를 제대로 파악하라는 말은 중도적인 안목으로 보라는 것입니다. 중도적인 안목이란 있는 것을 있다고만 볼 것이 아니고 없는 것을 없다고만 볼 것은 아니라는 뜻입니다. 그렇게 할 줄만 알면 일상에서도 그 일상에 빠지지 않고 집착하지 않을 수 있습니다. 그것은 어려운 일이기는 하지만 그런 안목과 소견을 갖추어야만 비로소 철든 삶, 지혜로운 삶이 보장됩니다.

하지만 우리는 간택하지 않을 수 없습니다. 증애도 결국 간택으로 인해 일어나는 마음입니다. 마음에 들면 좋아하고 안 들면 싫어하는 것이 인간의 일반적인 마음이기는 합니다만, 그러다 보면 온갖 번뇌 망상이 뒤엉켜서 집착이 생기고 고통이 따르게 마련입니다. 그래서 어기는 것과 순한 것이 마음속에서 갈등합니다. 마음에서 갈등하고 밖으로 갈등이 표출되어 결국은 사람과 갈등하고 사물과 갈등하고 내가 해야 하는 일과 갈등하면서, 우리의 삶은 하루 종일 갈등의 시간, 즉 '위순상쟁違順相爭'의 시간이 되고 맙니다. 순조롭게 잘 넘어가는 날도 있지만 어느 정도 마음의 찌꺼기가 남습니다. 이것을 굳이 병이라 하지 않더라도 어느 정도 아픔은 있습니다. 심한 경우 인생이 흔들릴 정도로 큰 병이 되기도 하고 그런 만큼 더 큰 고통이 따르기도 합니다.

모든 존재는 그 배후에 존재의 중도성을 드러내고 있습니다. 그 존재의 중도성을 잘 관찰해서 우리의 견해가 중도적이어야 하고 중도적일 때라야 우리가 일상생활을 그대로 영위하면서 거기에 빠지지 않고 집착하지 않을 수 있습니다. 결국 하는 일은 그대로 하되, 고통이 따르지 않는 삶이 보장된다는 것입니다.

계속해서 이런 이야기들이 끊임없이 이어집니다.

불 식 현 지
不識玄旨

도 로 염 정
徒勞念靜

깊은 뜻을 알지 못하고

한갓 수고로이 생각만 고요하게 하고자 할 뿐이다.

보통 어떤 경지에 올랐다고 하면 '참선을 해서 어떤 경지에 올라야만 하느냐' '기도를 해서 어떤 경지에 올라야만 하느냐' '무슨 끊임없는 정신집중이 필요한 그런 일이 아니냐' 하는 생각을 일단 하게 됩니다. '불교'라고 하면 참선이라든지 정신 집중 같은 수행을 염두에 두기 때문에, 마음을 가라앉히는 일을 떠올리게 마련입니다. 그런데 여기에서는 그렇지 않다고 하였습니다. 그런 것을 통해 어떤 경지에 오른 뒤에 보장되는 것이 아니라 모든 존재가 중도의 원리에 의해서 존재하고 있다는 것, 즉 존재 원칙이 중도라는 사실이 바로 '현지玄旨'입니다.

이것을 알고 이것에 맞게 산다면 그것으로 끝입니다. 참선을

하거나 간경을 하거나 기도를 하거나 해서 어느 순간에 이루어
지는 것이 결코 아니라는 것입니다. 그래서 그 깊은 뜻을 알지
못하면 "한갓 수고로이 생각만 고요하게 할 뿐이다"라고 하였습
니다. '염정念靜', 즉 생각을 고요하게 한다는 말은 마음을 집중한
다는 말입니다.

참선도 집중이고 염불도 집중이고 기도도 집중입니다. 대개
아마추어들이 불교를 이야기할 때 "마음을 가라앉혀라, 마음을
집중해라"라고 합니다. 그것이 불교의 전부인 줄 압니다. 하지만
그런 것이 불교의 이치는 아닙니다.

불교는 한마디로 깨달은 사람의 가르침, 깨달음의 가르침, 깨
닫게 하는 가르침으로 표현할 수 있습니다. 어쩔 수 없이 마음을
집중시키고 안정시키는 방법들을 쓰기는 합니다. 하지만 그것이
올바른 방법은 아니라는 것입니다. '도로염정徒勞念靜'이라는 말
에서 공연히 수고롭게 생각만 집중시킨다고 지적하고 있습니다.

그런데 생각을 고요하게 한다고 마음이 집중되진 않습니다.
왜냐하면 생각이나 마음이라는 것의 속성이 그렇게 한곳에 매여
있지 않기 때문입니다. '응무소주 이생기심應無所住 而生其心'이라
하지 않았습니까? 머무는 바 없이 그 마음을 내라는 말은, 본래
마음은 머무는 바가 없는데 우리가 조금 관심을 기울이거나 인
연이 있으면 그것을 내 살림살이로 삼아 머물러 버리기 때문에
하는 말입니다.

나와 인연이 있거나 관계 있는 사람의 일이라면 좋지 않은 기
사가 났다 하더라도 그것을 얼른 받아들이기 힘듭니다. 신문 기

사뿐만 아니라 무엇이든지 그렇지 않습니까? 이것이 바로 머무는 일입니다.

우리 마음은 머물지 않는 것이 그 본래 모습이니 머물지 않는 그 원칙대로 살라는 것이 '응무소주 이생기심'입니다. 응당 머무는 바 없이 마음을 내라는 뜻입니다. 우리가 마음을 집중한다고 해서 집중되는 것이 아닙니다.

흐린 물에 비유해 보겠습니다. "흐린 물을 가만히 두면 찌꺼기가 가라앉고 맑은 물이 된다. 그것이 우리 마음의 바른 모습이 아니냐?"라고 할 수 있습니다. 얼핏 들으면 그런 것 같기는 합니다. 그런데 찌꺼기가 가라앉아서 맑은 물처럼 보이지만 사실은 맑은 물이 아닙니다. 언제 누가 와서 그릇을 흔들지, 바람이 불지 알 수 없습니다. 조금만 흔들려도 찌꺼기가 일어나고 도로 흙탕물이 되고 맙니다. 이런 식으로는 절대 해결할 수 없습니다.

마치 흙탕물을 오랫동안 고정시켜 두면 찌꺼기가 가만히 가라앉는 것처럼 마음을 집중시켜서 망상을 가라앉히는 것이 '염정念靜'입니다. 그런 일은 수고로울 뿐입니다.

깊은 이치를 제대로 알지 않으면 앉았을 때는 잠깐 조용하다가 금방 흔들려버립니다. 그게 무슨 공부겠습니까? 불교 공부는 그렇게 마음 가라앉혀서 겨우 어떻게 되는 것이 아닙니다. '정신일도 하사불성精神一到何事不成'이라는 말도 있습니다만 불교는 그런 공부가 아닙니다.

깊은 뜻을 알지 못하면 마음을 고요히 하려고 그저 앉아 있어봐야 내내 그대로입니다. 평생 그렇게 10년, 20년, 30년 앉아 있어도 내내 그 모양일 뿐입니다. 처음 했을 때 망상이 부글부글 끓듯이 30년, 60년 해도 망상은 부글부글 끓습니다. 왜 그렇겠습니까? 그것이 바로 마음의 본령이기 때문입니다. 원래 그렇게 생긴 것을 한곳에 붙잡아 매려고 하니 그게 될 일입니까?

원 동 태 허
圓同太虛

무 흠 무 여
無欠無餘

원만하기가 태허공과 같아서
모자람도 없고 남음도 없다.

　바람직한 삶이라는 말을, 지극한 도 또는 무상대도라고 표현하면 삶과 동떨어진 것처럼 느껴지긴 합니다. 하지만 바람직한 삶은 흐린 물을 가라앉히듯이 마음을 고정시켜 망상을 가라앉히는 데서 열리는 것이 아닙니다. 이치만 알면 망상이 부글부글 끓는 그대로, 일상생활에서 보고 듣는 그대로, 그야말로 툭 터져서 한 치의 잘못됨도 없고, 모자람도 없고 남음도 없다고 하였습니다.

　남음이 있다는 것이 부족함의 가능성을 내포하고 있는 말이기 때문에 '무흠무여無欠無餘'라는 말은 묘미가 있는 말입니다. 모자람도 없고 남음도 없다, 즉 딱 맞다는 말입니다. 어디든지 딱 맞는 것이기 때문에 맞다고 말할 것도 없습니다.

허리띠를 알맞게 매고 있으면 허리띠를 맸는지 안 맸는지 모릅니다. 신발이 발에 딱 맞으면 신발을 신었는지 안 신었는지 의식하지 못합니다. 신발이 헐겁거나 작으면 계속 신발에 마음이 갑니다. 온갖 것이 다 그렇습니다. 남는다고 꼭 좋을 것도 없습니다. 딱 맞아야 합니다. 맞으면 잊어버리는 것이니 그렇게 잊어버릴 수 있을 때라야 제대로 되는 것입니다.

허공을 '클 태太' 자를 붙여 '태허太虛'라고도 하고 '태허공'이라고도 합니다. 불교에서 허공은 경계가 없고 한계가 없다고 이해합니다. 무한이라고 보는 것입니다. 수백억 광년 끝에 벽이 있거나 하지 않습니다. 만약 벽이 있다고 가정한다면 그 벽 너머에 또 무언가가 있어야 하지 않겠습니까? 그렇기 때문에 태허공은 무한하다고 이해합니다. 현재 우리들의 과학 수준은 천체 망원경으로 몇백억 광년까지 본다고 하지만 사실은 그것이 다가 아닙니다. 도저히 인간의 지혜로 가늠할 수 없는, 그야말로 무한이라고밖에 할 수 없는 것이 이 우주고 허공입니다. 그래서 원만하기가 허공과 같고, 또는 완전무결하기가 허공과 같아서 모자람도 없고 남음도 없다는 말은 허공을 두고 하는 말이 아니라 우리들의 삶을 비유한 말입니다.

양 유 취 사
良由取捨

소 이 불 여
所以不如

진실로 취사심으로 말미암아
그러한 까닭에 그와 같지 못함이니라.

　이번에는 '취사심'이 나왔습니다. 간택심, 증애심, 순역심, 위순심, 취사심 등 이런 마음과 관련해서 조금 자세하게 이야기해 보겠습니다.

　불교는 한마디로 중도라고 정리할 수 있습니다. 지금까지 학자들의 연구에 의하면, 부처님께서 최초로 설하신 경전은 『초전법륜경初轉法輪經』이라고 합니다. 『초전법륜경』은 부처님께서 처음으로 진리의 법륜을 굴리신 내용을 담고 있는데, 이 경전에 보면 부처님께서 사성제나 팔정도를 이야기한 것이 아니고 "나는 중도를 깨달았노라"라고 하였습니다.

　부처님이 성도하신 후 제일 먼저 어디로 가셨습니까? 제일 먼저 부다가야에서 베나레스로 가셨습니다. 베나레스는 지금도 그렇지만 모든 종교인, 도인, 철인이 다 모여 있는 곳입니다. 그런 종교의 도시에 가서 그들에게 검증받고 자신의 깨달음이 완벽한지 시험해야 했습니다. 그때 마침 다섯 비구를 만났습니다.

다섯 비구는 바로 부처님과 함께 수행하다가 부처님께서 고행을 그만두고 우유죽을 받아먹는 것을 보고 타락했다고 생각하고 떠나가 버린 사람들입니다. 사실은 그들을 만나야 할 필요가 있습니다. 왜냐하면 6년 동안 함께 고행했던 사람들이 자신을 오해하고 떠났기 때문에 다른 사람들에게 검증을 받는 것보다 그들의 오해를 풀어 주는 일이 더 중요했습니다.

생각해 보십시오. 그들은 태자를 지켜 주라는 왕의 명령으로 출가한 사람들 아닙니까? 그러니 그들의 오해를 풀어 주는 일이 가장 시급한 문제였습니다. 그 오해를 풀어 주는 것이 무엇이겠습니까? 바로 중도입니다.

"태자로 살면서 이 세상에서 가장 호화롭고 화려한 삶을 살았다. 그렇지만 그것이 삶의 전부가 아니고 이상적인 삶의 길이 아니라는 것을 알고 고행의 길로 나섰다. 그러나 고행도 결국은 바람직한 삶의 길은 아니었다. 그래서 나는 고행을 버리고 목욕을 하고 식사를 하고 정상적인 사유에 들어서 비로소 깨달음을 성취했다. 나의 깨달음은 중도를 깨달은 것이고 모든 인간은 중도적인 삶을 살도록 나는 설법할 것이다."

『초전법륜경』에 근거해서 말하자면, 이것이 부처님이 깨달으신 후 다섯 비구에게 하신 중도 대선언입니다. 중도적인 삶과 중도의 원리를 가르친 것이 부처님의 일생입니다. 그 이후의 모든 깨달은 분들은 중도의 이치를 깨달았고, 중도적인 삶을 살았으며, 중도의 이치를 가르쳤다고 정리할 수 있습니다.

「신심명」도 두말할 것 없이 중도의 이치에서 벗어나지 않고 있으며, 어떤 경전이나 어록보다도 중도가 무르녹아 있는 선시라고 할 수 있습니다. 그러다 보니 중도 이야기를 귀에 못이 박히도록 할 수밖에 없습니다. 그래서 취사를 버려라, 간택을 버려라, 증애를 버려라, 역순을 버려라, 위순을 버려라 하면서 우리가 취하고 버리는 마음 때문에 원동태허한 바람직한 삶이 되지 못한다고 하였습니다. 모든 존재를 중도로 파악하지 못하기 때문에 취사를 한다는 설명입니다.

육신에 근거한 모든 삶이 사실은 중도로 존재하고 있습니다. 중도로 존재하고 있는 것을 중도로 그대로 파악하면 설사 취하고 버리는 삶을 반복하더라도 그것에 빠져 있거나 집착하지 않고 취하고 버릴 것입니다. 그때는 이미 취사심 없이 취사하는 것입니다. 취사심 없이 취사하는 것은 중도적인 삶이라 할 수 있습니다. 그럼 취사심 없이 취사하는 중도적인 삶이 어떻게 해서 가능한 것일까요?

앞으로 계속 이야기하겠습니다만 미리 조금 말씀드리자면 바로 다음 구절에 "유도 좇지 말고 공에도 머물지 말라(莫逐有緣 勿住空忍)"라고 했습니다. 있다고 하는 것도 얼른 보기에 있는 것이지 그렇게 있는 것은 아닙니다.

손에 모래를 쥐고 있으면 모래가 조금씩 새어 나가다가 어느 순간엔가 손에는 모래 하나 없이 텅 비어 버립니다. 일분, 일초, 우리의 생명이 사라져 가는 것이 사실이잖습니까? 그렇다고 무상의 관념에만 떨어져 살 수 없는 것이고, 그렇다고 그런 것 다 잊어 버리고 살 수도 없습니다. 그런 점에서 이쪽 면과 저쪽 면을 모두 잘 이해하는 것, 즉 유와 공을 잘 수용하고 이해하는 것이 바로 중도적인 삶이라고 간단하게 말씀드릴 수 있습니다.

기도철이 되면 부처님께 공양을 많이 올립니다. 그런데 제가 존경하는 영명 연수永明延壽 선사는 『만선동귀집萬善同歸集』에서 이런 말씀을 하십니다.

"불상은 환영이다. 불상이지 부처는 아니지 않은가. 설사 부처라고 해도 환영이다. 올리는 공양구 역시 환영이다. 공양 올리는 나 자신도 역시 환영이다. 실재하는 것이 아니니 그림자요, 메아리다. 그렇게 이해를 하고 열심히 공양 올려야 한다."

이렇게 이해하면 열심히 공양 올리지 않을 것 같습니까? 지금 이야기한 대로 모든 것이 환영이니 이렇게 허무한 줄 알면 공양 올리지 않아야 마땅하지만 그렇지 않다는 말씀입니다. 부처님도, 올리는 공양물도, 올리는 나도 역시 환영임을 알고 열심히 공양을 올리면 공양에 아무 집착이 없고 거리낌이 없어서 정성을 다해서 공양 올릴 수 있다는 것입니다.

『초발심자경문初發心自警文』에 "관삼륜청정觀三輪淸淨하라"라는 말이 있습니다. 보시를 하되 주는 자, 받는 자, 물건, 이 세 가지가 모두 텅 비어 없는 줄로 관찰하고 주고받으라는 말입니다. 그렇습니다. 이것이 참 어려운 주문이긴 하지만, 모든 존재가 그렇게 존재한다는 것이 중도의 원리이므로 깨달은 사람의 안목으로 보면 그렇게 존재합니다. 그렇게 존재하니 보이는 대로 이야기할 수밖에 없습니다.

어떤 사람이 귀한 조선백자를 개밥그릇으로 쓰고 있다면 그 가치를 아는 사람이 "저것은 조선백자고 수천만 원 아니 수억 원의 값이 나간다"고 말해 주어야 하지 않겠습니까? 그렇게 보이는데 말하지 않을 수 없는 일 아니겠습니까? 그래서 깨달은 사람, 즉 인생과 이 세상 모든 존재에 관해서 전문가적인 안목을 가진 사람은 당신들이 본 대로 이야기할 수밖에 없습니다.

'모든 존재가 중도적으로 존재하니 중도적으로 보아라. 그렇게 보고 살아간다면, 크게 증애심이나 간택심도 일어나지 않을 것이며 순역이나 위순의 마음도 일어나지 않을 것이다. 그러면 집착이 없을 것이고 집착이 없으면 자유자재한 삶을 보장받을 수 있다. 그것이 바로 지극한 도다'라고 정리할 수 있을 것입니다. 그래서 "진실로 취사 때문에 지극한 도와 같지 못하게 됐다〔良由取捨 所以不如〕"라고 강조하는 것입니다.

모든 존재의 실상을 깨닫게 되면 취사심이 일지 않습니다. 취사심이 일지 않으면 그야말로 구름에 달 가듯이 인생을 유유자적하게 살 수 있습니다. 열심히 살면서도 집착하지 않고 집착하지 않으면서도 열심히 사는 이상적인 삶이 이루어지지 않을까 생각합니다.

신심명 강의

제3강

막 축 유 연
莫逐有緣

물 주 공 인
勿住空忍

유연도 좇지 말고
공인에도 머물지 말라.

'유연有緣'이라고 한 것은, 존재하는 모든 것이 인연에 의한 것이기 때문에 '연' 자를 붙인 것입니다. 또 공한 것은 드러난 것이 아니지 않습니까? 그래서 '참을 인忍' 자를 써서 숨어 있다는 의미에서 '공인空忍'이라고 한 것입니다. 그러니까 이 구절은 "유도 좇지 말고 공에도 머물지 말라"는 뜻입니다.

그런데 이렇게 넉 자로 표현하다 보니 함축이 심해서 왜 유에는 연이 붙어 있고 공에는 인이 붙어 있는지 이해하기 어렵습니다. 간단히 말하면, 우리 눈으로 보고 귀로 듣는 모든 것이 있다는 것을 근거로 살지만 너무 있다는 것을 좇아가지 말라는 말입니다. 또 불교적인 안목에서는 전부 공을 이야기합니다. 『반야심경』이 온전히 공을 이야기하는 것처럼 반야사상이 공사상이라고 할 수 있는데, 있다는 것에서 한 차원 달리하는 것을 공의 사상 또는 공의 안목이라고 말합니다. 있다는 것에서 한 차원 달리하면 공이 되지만 그렇다고 공에 머물러서도 안 된다는 말입니다.

조사 스님의 법문 중에 "산은 산이요, 물은 물이다"라는 말이 있습니다. 처음에 "산은 산이요, 물은 물이다" 할 때는 유입니다. 그 다음에 "산은 산이 아니요, 물은 물이 아니다" 하면 공입니다. 우리 눈에는 산은 산이고 물은 물일 뿐이지만 깨달으신 분의 안목으로는 아닌 면이 있는 것입니다. 그 깨달으신 안목을 우리에게 이해시키기 위해 백방으로 설명하고 있어서 그나마 우리가 짐작하고 있는데, 모든 존재가 공인 입장이 분명히 있다는 것입니다. 그래서 유에서 한 차원 올라가면 공의 입장에 다다릅니다.

하지만 공의 입장이라고 해서 끝은 아닙니다. 다시 "산은 산이 아니고, 물은 물이 아니다"를 넘어서면 "산은 다만 산이고, 물은 다만 물이다"가 됩니다. 이를테면 산 아래에 있다가 정상까지 올라갔다가 다시 산 아래로 내려온 것입니다. 긍정에서 대부정을 거쳐 긍정으로 내려온 그런 상황이라고 할 수 있습니다.

'유' 자에 '연'을 붙인 이유는 존재하는 모든 것은 인연에 근거하고 있기 때문입니다. 무엇이든 인연에 의지하고 있고 연기적인 속성을 지니고 있기 때문에 있다고 해도 있는 것이 아닙니다. 공성이 있다는 것입니다. 불교에서 '있는 것'을 부정하는 이유는, 있는 것을 가만히 들여다보면 모든 것이 연기에 의해 존재하는 것이어서 오랜 세월을 거치면 공무空無한 데로 돌아가기 때문입니다. 이런 것은 경험으로 알 수 있습니다. 그러나 여기에서 말하는 것은 세월에 의한 것이 아니고 현재 눈에 보이는 그대로 전부 공하다는 것입니다. 그래서 '유연'과 '공인'이 둘이 아니고 하나입니다. 연기를 통해 있는 것이지만 공하고, 공하면서도 연기로서 존재하는 것입니다.

'공인'에서 '참을 인忍' 자를 진리로 많이 표현합니다. 저도 예전에는 이 부분이 이해가 안 되었는데『유마경』의 어느 소疏를 보니 '忍'을 다음과 같이 설명해 놓았습니다. 참는다는 것은 나타내지 않는다는 것입니다. 좋은 감정이나 싫은 감정을 참으면 나타나지 않습니다. 그래서 '참을 인' 자를 쓰는 것입니다. 우리가 공이니 진리니 법이니 말하지만 눈으로 확인하거나 귀로 확인할 수 있는 것은 아닙니다. 그러나 없는 것도 아닙니다. 공이라고 하는 것도 그렇게 모든 존재에 스며 있습니다. 스며 있다고 말을 하니 공이 아니고 유인 것처럼 들리겠지만, 공은 밖으로 드러나는 것이 아니기 때문에 '공인空忍'이라고 했습니다.

유연과 공인이라는 말은 의미심장하고 재미있는 표현이라고 할 수 있습니다. 유는 연기에 의해 유한 것이고, 공은 숨어 있어 나타나지 않는 것입니다. 찾을 수는 없지만 공의 이치가 분명히 존재하기 때문에 '忍'을 쓰는 것입니다. 이 '忍'의 의미는 숨어서 나타나지는 않지만 분명히 존재하는 것, 바로 그런 뜻입니다.

결국 이 구절은, 유의 속성은 연기이고 공의 속성은 숨어서 나타나지 않는 것이다. 그래서 유연도 좇지 말고 공에도 머물지 말라. 유에서 한 단계 눈을 높이면 공을 이야기하게 되는데 그렇다고 공에 머물지도 말라는 말입니다.

공의 도리가 아주 뛰어나고 우수한 안목이라고 해서 공에 집착하는 것도 큰 병입니다. 소금이 음식의 맛을 살려 준다고 해서 소금 한 숟가락을 그냥 푹 떠먹으면 맛이 나겠습니까? 공에 대한 인식도 그렇게 해야 합니다. 공에 빠져 머물러 버리면 소금이 음식 맛을 낸다고 한 숟가락 덥석 먹는 것과 같습니다. 이렇게 치우치지 않아야 유와 공이 하나가 됩니다. 유도 좋지 않고 공에도 머무르지 않는다면 유도 수용하고 공도 수용하는 것입니다. 유를 쓰려면 유를 쓰고 공을 쓰려면 공을 쓰며, 유와 공에 걸리지 않고 자유자재하게 됩니다. 어디에도 치우치지 않고 중도적인 입장으로 활용할 수 있다는 것입니다.

일 종 평 회
一種平懷

민 연 자 진
泯然自盡

한가지로 바르게 마음에 품으면
민연히 사라져서 저절로 다하리라.

'일종평회一種平懷'는 한가지를 바르게 지닌다, 한가지로 바르게 활용한다는 말입니다. 우리는 항상 유 아니면 공에 걸려 있습니다. 간택, 증애, 순역, 위순, 취사에도 걸립니다. 어디에도 머무르지 않고 자유자재로 수용하는 것을 '일종'으로 표현합니다. 공과 유를 한가지로 바르게 가진다면, 유라고 하는 데에 따르는 문제도 공이라고 하는 데에 따르는 문제도 다 저절로 없어진다는 말입니다.

일상생활에서 생각해 보면, 무엇이든지 있는 데 대한 고집이거나 없는 데 대한 병입니다. 그런 것에 걸리지 않고 잘 수용해야 합니다. 이것을 좀 어려운 말로 '쌍차쌍조雙遮雙照'라든가 '차

조동시遮照同時'라고 표현하기도 합니다. 우리는 흔히 '무상하다'
와 '영원하다'는 말을 하는데, 무상하다는 공이라는 말이고 영원
하다는 유라는 말입니다.

　마음이 있다고 하지만 우리가 알고 있는 것처럼 그렇게 있는
것이 아닙니다. 공하다 하더라도 텅 비어서 완전히 없는 것이 아
닙니다. 있으면서 공하고 공하면서 있는 것, 이런 원칙에 의해 모
든 것이 존재하기 때문입니다. 이것이 존재 원리고 중도 원리입
니다. 우리 마음, 감정, 육신, 명예, 부, 재산, 사람도 모두 그렇
게 존재합니다. 명예도 인연에 의해서 있게 마련인데 명예를 가
지고 있으면서 있는 것에 너무 집착하면 좇게 되고, 명예에 따른
책임이 있게 마련인데 공하다 해서 책임을 다하지 않으면 그것도
잘못된 것입니다. 이렇게 일상생활에서도 이 원리를 백방으로 활
용할 수 있습니다. 이 원리를 제대로 활용하여 원융무애하게 된
것을 일종, 즉 한가지가 되었다고 표현하고 있는 것입니다.

지 동 귀 지
止動歸止

지 갱 미 동
止更彌動

움직이는 것을 그쳐 그친 데로 돌아가면

그쳐 있던 것이 다시 더 움직인다.

우리 마음은 본래 움직이고 흐르게 되어 있어서 변화무쌍한 것입니다. 앞에서 말씀드렸듯이 '응무소주 이생기심'에서도 우리 마음은 한 군데에 가만히 있지 않고 움직이는 것입니다. 여기에서 '그친다'는 것은 움직이는 것을 그치게 하는 것으로 앞에서 말한 '도로염정'과 같은 것입니다.

움직이는 것을 그쳐서 그치는 데로 돌아가면, 즉 생각이 고요한 것이 공부의 좋은 경지라고 생각해서 자꾸 그것을 향해 나아가면, 그 노력 때문에 오히려 그치고 있는 것을 더욱 움직이게 한다는 말입니다. 이런 마음의 이치를 알고 공부해야 합니다.

물론 이런 이치를 알기 위해 참선도 하고 기도도 하고 경도 봅니다. 예전에 봉암사 선방에서 같이 살던 스님이 한 분 있었습니다. 더할 수 없는 보살심으로 열심히 사시고 공부도 열심히 했습니다. 송광사 문수전에서도 함께 살았습니다. 그런데 이 스님이 정진에 열중한 나머지 그쳐야 되는 줄 잘못 알고 열심히 참선을 하는데도 그쳐지지 않았답니다. 답답하고 울화통이 터지는 마음에, 어느날 관음전에 앉아 법당 마루에 머리를 쾅쾅 찧었습니다. 바닥에 피가 흥건한 줄도 모르고 머리를 계속 부딪쳤습니다. 제가 왜 그러느냐고 물었더니, 화두는 안 되고 망상이 끓어서 도저히 어떻게 할 길이 없다면서 머리를 찧는 애절하고 처절한 모습을 본 적이 있습니다. 열심히 정진하는 수좌가 그렇게 몸부림치는 모습을 보면서 무척 안타까웠습니다. 그때는 내가 어떻게 해줄 수도 없고 마음을 움직이게 할 정도로 말해 주지도 못했지만 평생 잊지 못하고 있습니다.

그런 것처럼 움직이는 것이 마음의 본령입니다. 누가 붙잡아 매려고 해도 붙잡아 맬 수가 없습니다. 그런데 그것을 붙잡아 매려고 하고 그치게 하려니까 그치고 있던 것도 움직이는 것으로 돌아간다는 것입니다. 확철히 깨달은 분이 아니라면 이렇게 말하지 못할 것입니다. 움직이고 그치는 것, 이것도 유와 공의 입장입니다.

유 체 양 변
唯滯兩邊

영 지 일 종
寧知一種

오직 양변에 막힘이라,
어찌 한가지임을 알 수 있겠는가.

우리 마음은 움직이는 면과 그치고 있는 면이 있는데, 움직이는 면도 나름대로 훌륭한 점이 있습니다. 움직이지 않으면 목석이 되고 아무 쓸모가 없습니다.

화두 드는 마음이 움직이지 않는 상태가 되어서 그랬겠지만 어떤 보살님이 화두 참선을 하는데 남편이 퇴근을 해도 나가서 맞이할 줄 모르고 자기 방에 앉아서 참선만 하고 있었답니다. 마음이 움직이지 않아서 그런지, 몸이 움직이지 않아서 그런지는 알 수 없습니다. 물론 그쳐서 고요하게 되면 그것은 그것대로 좋은 일이지만 어디에도 걸리면 안 됩니다. 그치면 그친 대로, 움직이면 움직이는 대로 좋은 것입니다.

양변에 걸리지 않아야 하는데, 우리는 기어이 움직이는 것을 그쳐야 한다고 생각하기 때문에 움직이는 마음의 공능도 모르고 그치는 마음의 뛰어남도 모르고 있는 것입니다. 그래서 그치고 움직이는 마음의 좋은 점을 모르고 막혀 있게 됩니다.

궁극적으로 움직이는 것과 그치는 것이 한가지라는 것을 어떻게 알겠습니까? 세속적인 논리 기준으로 불교를 이해하려고 하면 안 됩니다. 불교는 불교만의 논리가 있습니다. 깨달은 분들의 가르침을 세속적인 언어로 이야기하려다 보니 모순이 많습니다.

있는 것이 없는 것이요 없는 것이 있는 것이다, 그렇게 알 때 어디에도 걸리지 않고 자유자재하게 되는 것입니다. 유와 공이 한가지인데 그런 공능을 이해하지 못한다면 어찌 한가지라는 것을 알겠습니까?

일 종 불 통
一種不通

양 처 실 공
兩處失功

한가지라는 사실을 통하지 못하면
두 곳에서 그 공능을 잃어 버린다.

　남편은 남편의 장점이 있고 아내는 아내의 장점이 있으며, 오
른팔과 왼팔도 각각 그 나름의 장점이 있습니다. 오른팔이 활동
을 많이 한다고 오른팔만 장하다고 하면 맞지 않는 이야기입니
다. 모두 그 나름의 공능이 있기 때문에 유도 무도 나름의 공능
이 있습니다. 앞에서 이야기한 것처럼 쌀과 겨가 모두 나름대로
중요합니다. 그중 하나를 부정하면 쌀이 생길 수 없습니다. 쌀이
나 겨가 모두 둘이면서 하나인 이치, 그런 현묘한 이치를 잘 알
아야 합니다. 그것을 통달하지 못하면 두 가지가 갖고 있는 공능
을 다 잃게 됩니다.
　남편은 돈 벌어 온다고 큰소리로 윽박지르고 아내는 살림 산

다고 기죽어 살면 어떻게 되겠습니까? 각자의 공능이 있어서 서로가 살려줘야 하는데 그렇지 못하면 양쪽의 공이 살아나지 않습니다. 이것을 '양처실공兩處失功'이라고 표현했습니다. "혼자 잘해봐라" 하면서 다른 사람을 무시하면 아무리 돈을 많이 벌어도 공이 살아나지 않습니다. 부부가 하나, 남녀가 하나, 좌우가 하나, 있고 없고가 하나라는 사실을 통달해야 한다는 이야기입니다.

이 짧은 글 속에 어떻게 그런 대단한 가르침을 함축했는지, 「신심명」은 보면 볼수록 읽으면 읽을수록 새롭고 뜻이 깊어집니다. 제가 아는 어떤 스님은 숨어 살면서 평생 「신심명」으로 수행을 하셨고, 「신심명」으로 도를 통했습니다. 당신이 읽어 녹음을 하고 그 테이프를 들으면서 수백만 번을 쓰고 외웁니다. 「신심명」을 보면 볼수록 그렇게 할 만한 가치가 있다고 생각합니다.

양쪽 다 뛰어난 장점이 있고 공능이 있는데, 살림 좀 잘 산다고 살림 사는 것으로 유세를 하면 그 빛이 나겠습니까? 자기를 내세운다는 것은 상대를 무시하는 것이 되기 때문에, 두 사람이 한가지인 이상 어느 한쪽만 내세울 수도 없는 것이고 무시할 수도 없는 것입니다. 그러면 양쪽 다 살아날 수 없습니다.

어느 역할이나 마찬가지입니다. 이 세상에 존재하는 모든 인연은 전부 빛나는 존재입니다. 그 빛나는 공능들을 우리가 유심히 살펴서 찾지 못할 뿐이지 사실 모두 장점을 가지고 있습니다. 결국 한가지라는 사실이 바로 중도입니다. 그것을 모르면, 아무리 어느 한쪽이 훌륭하다 하더라도 그 공능을 잃어 버리게 됩니다.

신심명 강의

제 4 강

견 유 몰 유
遣有沒有

종 공 배 공
從空背空

유를 보내면 유에 빠지고
공을 따라가면 공을 등진다.

　유와 공의 문제가 여기에서도 또 나옵니다. 유와 공의 문제가
자주 등장하는 이유는 이 세상에는 존재와 비존재, 즉 있음과 없
음의 둘로 크게 나눌 수 있는데, 이런 있음과 없음이 우리 마음
으로 파악되는 것이 아니기 때문입니다. 그래서 이 있음과 없음
을 좀 더 정확하게 파악하면 그 외에 다른 것은 이것을 열쇠 삼
아 풀 수 있습니다. 이 세상의 모든 것은 있음과 없음을 바탕으
로 존재하기 때문입니다.

　우리가 근거해서 살아가는 모든 생활의 기반, 즉 의식주에서
부터 인간관계에 이르기까지 있음과 없음의 상대적인 것이 기본
이 되지 않은 것이 없습니다. 남자와 여자가 그렇고, 좌와 우가

그렇고, 음과 양이 그렇고, 승과 속이 그렇듯이 일체가 상대적으로 이루어져 있습니다. 그래서 상대적으로 이루어져 있는 현상의 기본인 있음과 없음, 즉 유와 공을 제대로 이해하고 수용했을 때 모든 문제를 해결할 수 있습니다.

그런 점에서 지금 이 구절은 있고 없음에 대한 불교적인 안목을 잘 보여 줍니다. 우리들이 지나치게 있음에 걸려 있으니까 불교에서는 있다는 것을 터부시하는 경향이 있습니다. 하지만 앞에서도 이야기했듯이 공이 꼭 좋은 것만은 아닙니다. 그러나 유보다는 훨씬 다른 차원의 경지이기 때문에, 유에 걸려 사는 우리로서는 유를 초월해야 합니다. 유를 초월하려면 어쩔 수 없이 만나는 것이 공의 경지입니다.

유의 병을 치료하는 데는 공이라는 약이 좋지만, 그 약은 마치 맛을 내는 데 필요한 소금과 같아서, 너무 많이 먹으면 결국은 하나의 병이 됩니다. 그래서 유도 좇지 말고 공에도 머물지 말라고 했습니다. 그렇다면 유와 공을 어떻게 해야 할까요?

'견유몰유遣有沒有'라고 한 것처럼, 유를 보내려면 거기에 또 유에 보내려고 하는 마음이 있어서 그 있다는 것에 빠지게 된다는 것입니다. 보내려고 하는 그 마음이 벌써 유를 인정하고 있다는 말입니다. 누구를 미워한다는 말은 그만큼 그 사람에게 관심이 있다는 말과 같습니다. 관심이 없으면 좋아할 마음도, 미워할 마음도 없는 것입니다. 관심이 있다는 것은 좋아하든 미워하든 그만큼 그 대상에게 빠져 있음을 뜻합니다. 우리 심리가 그런 것 아니겠습니까?

그래서 유에 빠지지 말고 그대로 내버려둬야 합니다. 자연스럽게 받아들이고, 그 나름의 가치로 인정해야 합니다. 그것이 각각 가지고 있는 뛰어난 공능을 잘 이해하면 하나도 버릴 것이 없습니다. 어느 것이 더 낫다고 추켜세울 것도 없습니다. 유도 공도 역시 그런 원리입니다.

공은 어떻습니까? 있음에 따르는 병을 치료하는 데는 공이 참 좋습니다. 그렇다고 공만 자꾸 좇다 보면 어떻게 됩니까? 공은 사실 그렇게까지 추구해야 할 것이 아닙니다. 그래서 공을 따라가면 공과 등지게 된다고 하였습니다. 공은 있는 것이 아니니까 굳이 따라갈 것도 아닌데, 따라가면 오히려 공의 이치와는 거리가 멀어진다는 말입니다.

참 묘한 말입니다. 유를 보내려고 하면 오히려 빠지게 되고, 그대로 내버려두면 괜찮습니다. 공을 따라가면 공과 등지게 됩니다. 따라가는 일 자체가 이미 유이기 때문입니다. 결국은 공과 유를 다 받아들이고 수용하는, 그런 입장이 바로 중도적인 입장입니다. 원융무애圓融無碍해서 어디에도 치우치지 않는 바람직한 수용법이라고 말씀드릴 수 있습니다.

다 언 다 려
多言多慮

전 불 상 응
轉不相應

말이 많고 생각이 많으면
더욱 상응하지 못한다.

　말이 많고 생각이 많으면 지극한 도와 더욱 상응하지 못한다고 하였습니다. 이렇게 간단명료한 표현을 하면서도, 이런 말까지도 오히려 필요하지 않다는 말씀입니다.

　실제로 말이 많으면 진실과 거리가 멀어지는 법입니다. 진실과 멀어지기 때문에 어떻게 해서라도 진실에 맞추려고 변명을 늘어놓고 설명을 늘어놓고 구차한 말을 하게 됩니다.

　일상사도 그렇습니다. 말이 많다면 어딘가 진실성이 없는 법입니다. 진실은 굳이 말로 그렇게 설명할 것이 아니기 때문입니다. 우리도 어쩌면 이런 말을 통해서 지극한 도와 거리가 더 멀어지고 있는지도 모릅니다.

절 언 절 려
絕言絕慮

무 처 불 통
無處不通

말이 끊어지고 생각이 끊어지면
통하지 못할 데가 없다.

　말을 끊고 생각을 끊어 버리면 통하지 않는 곳이 없다고 하였
습니다. 그러니까 묵묵히 생각마저 끊어져서 가만히 있으면, 모
든 것은 세월이 해결해 주고 진실이 드러나는 법입니다.

　예를 들어서 10명 정도 모여서 회의를 할 때, 어떤 문제를 가
지고 난상토론을 하지 않습니까? 그런데 거기에 끼어들지 않고
어느 한곳으로 치우치지도 않으면서 정말 텅 비어서 치우침이
없는 마음 상태가 되면, 이 사람 말도 일리가 있고 저 사람 말도
일리가 있어 다 이해하게 됩니다. '무처불통無處不通'이 바로 다
이해한다는 것입니다. 마음에 바르지 못한 생각을 가지고 끼어
든 사람이 있으면, 그것마저도 눈에 들어옵니다. 맑은 거울처럼

그런 것마저 파악할 수 있습니다. 서로의 주장도 알게 되고, 그 주장의 저의가 무엇인지도 알게 되는 것입니다. 그런 점에서 이 구절은 우리 일상생활에서도 쓰임새가 많을 것입니다. 물론 지극한 도, 정말 툭 터진 그런 진정한 가치의 인생을 누리는 데야 더 말할 나위가 없습니다.

이 구절을 설명하다 보니 『금강경』을 말씀드려야겠습니다. 『금강경』「법회인유분法會因由分」에 보면 걸식 이야기가 있습니다. "부처님께서 때가 되어 걸식에 나서고 걸식에서 돌아와 공양을 하시는데, 먼저 발을 씻으시고 그 다음에 자리를 펴고 앉으시다" 라는 부분입니다.

『금강경』은 나 자신을 비우라는 말씀을 '무상위종無相爲宗'으로 표현하면서 강조합니다. 나에 대한 상(我相), 남에 대한 상(人相), 중생으로서 부족하다는 열등의식인 중생상衆生相, 시간의 제약을 받는 존재라는 한계의식인 수자상壽者相을 언급하면서 그런 상들이 없어야 한다는 것이 『금강경』의 주된 가르침입니다. 그런데 이런 이야기를 하기 전에, 서론에 해당되는 「법회인유분」에서 매일 반복되는 걸식 이야기가 뜬금없이 등장합니다.

부처님이 다른 날 굶으신 것은 아닙니다. 늘 걸식을 하시는데 다른 경전에는 왜 걸식 이야기가 나오지 않는 것일까요? "발을 씻고 자리에 앉으시다"라는 말이 왜 안 나올까요? 그것을 한번 생각해 볼 필요가 있습니다.

이 부분에 『금강경』에서 전하고자 하는 메시지가 담긴 용어가 세 가지 있습니다.

첫째, 걸식乞食입니다. 걸식은 자기 자신을 철저히 비우지 않으면 할 수 없는 일입니다. 예전에 저도 해 보았습니다만 탁발은 부끄러움과 자기 체면 등등 온갖 마음들이 뒤섞여서 정말 자신을 철저히 비우지 않으면 제대로 되지 않습니다. 그러므로 걸식이라는 말을 통해 자기를 철저히 비웠다, 즉 상을 없앤 것입니다.

둘째, 세족洗足입니다. 매일 발을 씻었을 텐데 여기에서 굳이 '세족하셨다'는 말을 등장시킨 것은, 자기를 비우고 모든 상을 비우는 것을 발을 씻은 일로 표현한 것입니다. 그래서 굳이 매일 하는 일인데 『금강경』에 등장시킨 것입니다.

마지막으로 "자리를 펴고 앉다(敷座而坐)"입니다. 이 부분이 지금 보고 있는 "절언절려絶言絶慮 무처불통無處不通"이라는 구절과 매우 상통하는 말씀이기 때문에 연관시켜서 생각해 보겠습니다.

몸은 앉아 있지만 생각은 온갖 사람 다 만나고 온갖 곳 다 돌아다닙니다. 오히려 몸뚱이가 가서 하는 것보다 앉아서 하는 일이 더 많습니다. 참선하려고 앉았을 때 더 많은 생각을 하고, 기도한다고 할 때 생각을 더 많이 합니다. "자리를 펴고 앉는다"는 말은 자리를 펴고 몸도 마음도 철저히 앉는 것입니다. 아무 생각 없이 모든 상을 다 비우는 것입니다. 자기를 비우고, 나아가서 아상·인상·중생상·수자상까지 다 비우는 그런 모습을 이런 형식으로 상징적으로 보여 준 것입니다. 이런 부분을 지금의 「신심명」 구절과 연관시켜서 생각할 수 있습니다.

歸根得旨

隨照失宗

근본에 돌아가면 뜻을 얻고
비춤을 따르면 종지를 잃어 버린다.

근본으로 돌아가면 종지, 즉 대도를 성취하고, 비춤을 따라가면 종지를 잃어 버린다고 하였습니다.

여기서도 상대적인 말이 하나 나왔습니다. 바로 근根과 조照입니다. 근의 일반적인 상대는 경계(境)가 되고, 조의 일반적인 상대는 '고요할 적寂'입니다. 적이 우리 마음의 적멸하고 텅 빈 입장이라면, 조는 우리 마음이 작용하여 어디든지 가서 비추는 것입니다. 불을 비추면 사물이 보이듯이 우리의 마음이 대상에 가면 그 대상을 파악할 수 있습니다. 그것이 올바른 것이든 잘못된 것이든 간에 우리 마음이 가면, 어떤 경계·사람·사물·사건이 전부 눈에 들어옵니다. 그래서 조라고 합니다. 그래서 적조寂照, 근경根境이라고 나눠서 이야기를 합니다.

그런데 적이 근본이고 조가 경계입니다. 그러므로 근본으로 돌아가면 뜻을 얻지만, 경계만 따라가다 보면 종지를 잃어 버린다는 말입니다. 근본은 중도적인 삶이라고 할 수 있고, 경계는 차별된 현상을 따라가는 것이라고 볼 수 있습니다.

수 유 반 조
須臾返照

승 각 전 공
勝却前空

짧은 시간에 돌이켜서 비추면

앞 경계가 공한 것보다 수승하리라.

'수유須臾'는 짧은 시간을 뜻하며, '반조返照'는 모든 존재의 중도성을 돌이켜서 비춘다는 말입니다. 짧은 순간이라도 그것을 반조할 줄 알면, 눈앞의 경계가 공한 것보다 수승하다고 하였습니다.

초기불교에서는 공관空觀을 많이 합니다. 공관이란 눈에 보이는 현상을 공하게 보는 것으로, 『능엄경』 25원통圓通에도 등장합니다. 『능엄경』에는 물을 관찰하는 수관水觀, 불을 관찰하는 화관火觀, 백골관白骨觀, 텅 빈 공으로 관하는 공관空觀, 흔히 위빠사나 관법이라고 부르는 숨을 관찰하는 수식관數息觀 등 다양한 관법이 소개되어 있습니다.

여기에서 '전공前空'이라는 것은 내 앞에 있는 경계를 관하여 공하다고 생각하는 것입니다. 공하다는 생각을 계속 해서 어느 정도 익숙해지면 공하게 보입니다. 이럴 때를 '전공'이라고 합니다. 그런데 「신심명」에서는 앞에 있는 경계가 공하게 된 것보다도 훨씬 수승하다고 합니다. 공관을 통해서 현상이 완전히 공한 것으로 이해하고 수용한다면 그것만으로도 상당한 경지이기는 하지만, 사실 그것은 중간 과정이고, 수유에 모든 존재의 중도적 이치를 반조하라는 말입니다.

비춰 본다는 말은, 중도적인 존재의 원리를 깨달아 아는 것입니다. 이런 반조는 오랫동안 정신을 집중해서 경계를 공하게 아는 것보다 훨씬 뛰어나다고 합니다. 이는 경계를 공하게 볼 줄 아는 것이 공부의 목적이 아니기 때문입니다. 있는 것은 있는 대로 보고, 없는 것은 없는 대로 보고, 그러면서 있는 것과 없는 것의 공능과 가치를 조금도 부족함 없이 완전하게 이해해서 활용하는 것이 바로 중도입니다. 그런데 있는 것을 없게 한다든지 없는 것을 있게 한다든지 하면 그것은 잘못된 공부라고 할 수 있습니다.

승찬 스님 당시나 지금까지도 이런 수행은 늘 있어 왔습니다. 어떤 이들은 수행을 많이 하여 경계가 하나도 없는 것처럼 하는 것을 대단하다고 말하지만 그것은 그저 혼자만의 정신세계일 뿐입니다. 그것보다는 모든 존재의 중도성을 제대로 파악해서 알기만 하면 앞의 경계가 텅 비어서 공해진 것보다 훨씬 뛰어나다고 하였습니다.

전 공 전 변
前空轉變

개 유 망 견
皆由妄見

앞의 경계가 공하여 변하는 것은
모두 망견을 말미암은 것이다.

눈앞의 경계가 공한 것은 있는 것이 없는 것으로 바뀐 것이고
망견을 말미암은 것이라고 아예 못을 박고 있습니다.

예를 들어 사무실에 컴퓨터와 책상, 집기 그리고 사람 등이 다
있습니다. 그런데 그것을 공하게 보는 것은 상당한 경지이긴 하
지만, 있는 것이 없는 것으로 전변해 버리는 것으로 망견에 의지
하고 있는 것입니다. 왜 있는 것을 없다고 봅니까? 있는 것은 있
는 대로 보면서, 그 없는 면을 함께 알아야 합니다.

여기에서는 있는 것을 없는 면으로도 볼 수 있고, 없는 것을
있는 면으로도 볼 수 있다는 식의 그런 중도 이야기가 아닙니
다. 경계를 공하게 보는 것은 잘못된 공부이며 개인의 정신세계

라고 하더라도 망령된 소견을 말미암은 것이라는 점을 말하고
있습니다.

불 용 구 진
不用求眞

유 수 식 견
唯須息見

진을 구하려 하지 말고
오직 소견을 쉬어야 하리라.

앞의 경계가 공하도록 마음을 쓸 줄 알면 상당한 경지이긴 하지만 망견이라고 하니, 그러면 진견眞見이 필요하지 않을까 하는 생각을 할 수 있습니다. 그래서 그 병을 치유하기 위해서 진을 구하려 하지 말라고 하였습니다.

진과 망에 대해서는 경전이나 어록에서도 상당히 자주 언급하고 있습니다. "진도 구하지 말고 망도 끊지 말라(不求眞不斷妄)"는 말도 있고, "망상을 버리지 말고 진을 구하지 말라(不除妄想不求眞)"는 말도 있습니다. 「증도가」첫머리에 보면 "인생을 제대로 살 줄 아는 바람직한 도인은 망상을 없애지도 않고 진리를 구하지도 않는다[絶學無爲閑道人 不除妄想不求眞]"라고 하였습니다. 진이니 망이니 하는 상대적인 것을 초월해 있다는 말입니다. 혹시 진과 망이 실제로 있다 해도 진은 진대로 망은 망대로 그 가치를 다 보아 준다는 말입니다. 어디에도 치우치거나 편중되지 않고 끄달리지 않는 것입니다.

여기에서 "진을 구하려 하지 말라"고 한 것은 괜히 진리, 참된 것, 참다운 것 등을 구하다 보면 어느새 망념된 것, 잘못된 것, 거짓된 것이 나와 있기 때문입니다. 진짜를 찾을수록 가짜를 만날 수밖에 없는 것이 세상 이치입니다. 그래서 정말 바람직한 인생을 사는 사람은 망상을 없애지도 않고 진리를 구하지도 않는다고 한 것입니다.

또 "진도 세우지 않고 알고 보면 망도 본래 공한 것이라[眞不立 妄本空]"는 말도 있습니다. 앞에서도 나온 것처럼 "망견이다"라고 하면 진견을 거론할 수밖에 없는 입장이 되니 진이니 망이니 하는 것을 굳이 분별하지 말라는 것입니다. 진을 구하지 말라고 했으니 망은 더 말할 것도 없습니다.

흔한 이야기 하나 하겠습니다. 옛날에 결혼을 앞둔 아가씨가 "남의 집에 가면 어떻게 해야 가장 바람직한 시집 생활을 할 수 있을까요?" 하고 부모에게 묻습니다. 그러자 부모가 "착한 일 하지 말아라"라는 딱 한 마디를 일러 줬다고 합니다. 무슨 말인가 하면, 착한 일도 하지 말라고 했는데 나쁜 일은 더 말할 나위가 없다는 뜻입니다. 마찬가지로, 진 구함을 쓰지 말라고 했으니 망은 두말할 나위가 없는 것이지요.

그러나 여기에서 말하려고 하는 것은 진과 망의 차이를 두고 하는 말이 아닙니다. 「신심명」의 경지에서는, 진이나 망이나 똑같이 치우친 소견입니다. 그래서 진을 구하려 하지 말고 오직 진이니 망이니 하는 소견을 쉬어야 한다고 하였습니다.

쉬어 버리면 끝나는 것인데, 옳은 것을 좇아가면 거기에는 반드시 그른 것이 따르게 되어 있습니다. 모든 것은 상대적이기 때문입니다. 물건을 살 때 가짜 말고 진짜 내놓으라고 하는 것보다 진짜든 가짜든 안 사 버리면, 진짜도 가짜도 이 사람에겐 해당되지 않습니다. 이처럼 우리가 진리니 망견이니 하는 소견을 쉬어 버리면 그런 것은 다 떠나게 되어 있습니다.

신심명 강의

제5강

이 견 부 주
二見不住

신 막 추 심
愼莫追尋

두 가지 견해에 머물지 말고
삼가 추심하지 말라.

두 가지 견해라고 하는 것은 서로 상대적인 견해입니다. 여기에서는 진과 망이 두 가지 견해가 되고, 공과 유가 두 가지 견해가 되고, 적과 조, 근과 경, 이런 것들이 전부 상대적인 두 가지 견해가 됩니다. '부주不住'는 어느 곳에도 치우치지 말라는 뜻입니다. 진이다 망이다, 진짜다 가짜다 하는 것에 너무 머물러 있어서는 안 된다는 것입니다.

예를 들어, 남자다 여자다 하는 데에도 너무 고집해서 머물러 있지 말라는 말입니다. 남자 일, 여자 일이 따로 있습니까? 누구든지 하려면 할 수 있는 것이 일입니다. 그런데 그것을 꼭 네 일이다 내 일이다 고집하면 그 집안이 어떻게 되겠습니까? 상황에 따라서 남자가 여자 일을 할 수도 있고, 여자가 남자 일을 할 수도 있을 때 그 집안이 조화를 이룹니다. '나는 남자다' 하는 소견에 사로잡혀 머물러 있어선 안 됩니다. 우리 주변엔 아직도 그런 분들이 많은 줄 알고 있는데, 자기 자리라는 편협된 소견을 갖지 말아야겠습니다.

사람들은 자기의 살림살이 또는 자기의 주관을 세웁니다. 의식적으로 세워 놓으려고 해서 세우는 것이 아니라 오래 살다 보면 저절로 자기 틀과 자기 기준이 세워집니다. 그런데 거기에 너무 매달리고 집착하고 빠지게 되면 결국은 남이 보이지 않아 남을 배려하지 못합니다.

『법화경』에 "부처님이 이 세상에 오셨을 때 광명이 비치고 그 광명을 통해서 비로소 옆에 사람이 있음을 보게 되었다"라는 표현이 있습니다. 눈을 뜨니 다른 사람이 보이더라는 것입니다. 무엇에 눈을 떴다는 것입니까? 진리에 눈을 뜨게 되었고 이 세상에 눈을 떴고 인생의 진실에 대해서 눈을 떴고, 한마디로 모든 존재의 진실에 대해서 눈을 뜨게 되었다는 것입니다. 이런 『법화경』의 말씀은 참 의미심장한 말이라고 하겠습니다.

상대적인 두 가지 견해에 머물지 않을 때 다른 사람이 보입니다. 즉 배려해 줄 수 있는 것입니다. 그래서 자기 주장, 자기 소견, 자기 사상을 너무 좇아가서 찾지 말라고 강조합니다.

재 유 시 비
纔有是非

분 연 실 심
紛然失心

막 옳고 그른 것이 있기 시작하면
분연히 마음을 잃으리라.

'재纔'는 '겨우', '시간적으로 막'이란 뜻입니다. 시간적으로 이
제 막 시비가 있기 시작하면 아주 어지럽게 마음을 잃어 버린다
는 뜻입니다. 여기서 마음은 일심一心이라는 뜻입니다. 모든 사
물과 존재가 중도로 되어 있지만 그중에서도 중도의 속성, 중도
의 향기, 중도의 맛, 중도의 원리가 제일 잘 드러나는 것이 마음
이라는 말입니다.

그래서 마음을 잃어 버려 옳다 그르다, 참이다 거짓이다 하는
것이 처음에는 하찮은 것 같지만 조금이라도 그런 문제가 틈이
벌어지기 시작하면, 눈덩이처럼 불어나 극과 극으로 치닫게 되
는 것입니다.

앞에서 '눈꼽만큼이라도 차이가 나기 시작하면 금방 하늘과 땅 차이로 벌어지게 된다〔毫釐有差 天地懸隔〕'라고 하였는데, 지금 이 구절도 바로 그런 이야기입니다. 옳다 그르다 하는 생각이 일어나기 시작하면 일심, 즉 중도를 잃게 된다는 말입니다.

이 유 일 유
二由一有

일 역 막 수
一亦莫守

둘은 하나를 말미암아 있는 것이니
하나 또한 지키지 말라.

'이二'는 '이견부주二見不住'에서 나온 '이'입니다. 진과 망이 되겠고, 시와 비가 될 것이며, 여러 가지 상대적인 상황은 얼마든지 있습니다. 그러한 것을 '이견二見'이라 말합니다. '이견'은 결국 '일심'을 말미암은 것인데 일심이라는 그것마저도 지킬 것은 아니라고 하였습니다. 중도라고 하고 일심이라고 하지만 그것이 뚜렷한 표적처럼 그렇게 존재하는 것이 아닙니다. 모든 존재의 존재 원칙이라는 의미지, 결코 이것이 손에 잡히고 귀에 들리는 그런 존재가 아니라는 것입니다.

일심, 즉 마음이라는 것도 그렇습니다. 평소에도 마음을 잘 씁니다. 마음 없이는 아무것도 안 됩니다. 그렇지만 마음이라고 하는 것을 정작 찾으려고 하면 전혀 손에 잡히지 않는 것이 또한 그 본모습이기도 합니다. 그래서 중도도 결국 일심이고 일심이 중도인데, 그 일심은 모든 것의 근본이 되면서 또한 모든 것의 상대적인 것을 수용하는 공능을 가지고 있기 때문에 이렇게 이야기하는 것입니다. 일심도 중도도 그런 식으로 존재하는 것이 아닙니다.

그러니까 하나마저 지키지 말라고 합니다. 중도라고 하면서 거기에 빠지거나, 일심이라고 하면서 거기에 또 빠지면, 그 역시 병이 되는 것이고 그것은 곧 어디엔가 치우치는 것입니다.

일 심 불 생
一心不生

만 법 무 구
萬法無咎

한 마음이 생하지 아니하면
만법에 허물이 없다.

우리는 일심 덕택에 살아가고 일심 덕택에 모든 것을 보고 듣습니다. 하지만 일심을 표적처럼 뚜렷하게 존재하는 것으로 생각해서는 안 됩니다. 공한 것으로 알아야 합니다. 공한 줄 알면서 공한 가운데서 한량없는 작용이 일어난다는 사실을 알아야 합니다.

진공묘유眞空妙有라고 하지 않습니까? 참으로 공한 가운데 묘하게 있다는 말이 바로 우리 마음을 근사하게 설명하고 있습니다. 있으면서 없고 없으면서 있기 때문에, 있다고 해도 허물이요 없다고 해도 허물입니다. 그러니 마음에 집착하지 않으면 어디에서도 허물이 있을 수 없다는 것입니다. 이것 역시 우리가 일

상을 살아가면서 적용하면 여러 방향으로 쓸모가 많은 가르침이
아닐까 합니다.

무 구 무 법
無咎無法

불 생 불 심
不生不心

허물이 없으면 법도 없고
생멸도 없고 마음도 없다.

여기에서 법法은 가르침이나 진리의 의미보다는 기준이나 틀의 의미입니다. 불교에서 '법' 자를 많이 쓰는데 그 의미는 일정하지 않습니다. 대개 진리를 법이라 하고, 그 진리를 가르치는 것 역시 법이라 합니다. 또 어떤 원칙이나 규칙도 법이라 합니다. 불교의 법조문이라 할 수 있는 계율戒律 조목을 가리킬 때 씁니다.

이 구절을 앞 구절과 함께 보면 "마음이 난다고 하지만 나는 것이 아니고, 나는 것이 아니면 굳이 마음이라 할 것도 없다." 이렇게 이해해야 합니다. 나는 것이 아니라면 굳이 마음이라 할 것도 없고, 나는 것이 아니면 멸한 것도 아닙니다. 어떻게 보면 모순이 아닌가 싶겠지만, 우리 마음이 부단히 생멸변화하고 있는 것처럼 보여도, 마음의 원리를 제대로 알게 되면 나도 나는 것이 아니고 멸해도 멸한 것이 아닙니다. 불생不生이면 불멸不滅입니다. 생멸과 불생불멸은 늘 따라다니는 것이므로 마음이라 할 것도 없습니다. 생하고 멸할 때 그것을 우리가 마음이라고 부르는 것이지, 생하고 멸하는 것에 끄달리지 않고 초월했다면 굳이 마음이라고 부를 것도 없습니다.

승찬 스님께서는 아무것도 모르는 상태에서 병 때문에 평생을 고개도 제대로 들지 못하고 살다가 혜가 스님을 만나 한두 마디 대화를 통해 마음의 눈을 뜨고 그동안 자기의 마음을 짓누르고 있던 문제를 해결하셨습니다. 그런데 당시의 승찬 스님은 몸의 병보다 마음의 병이 훨씬 더 무겁지 않았을까 생각합니다. 승찬 스님이 이 이치를 알기 전에 자기 나름의 기준과 틀로 '사람으로 태어나 왜 이렇게 불우한 삶을 살 수밖에 없는가' 하는 생각을 얼마나 많이 했겠습니까? 그러다가 이치를 알고 난 후 마음에서부터 모든 것이 해소되었으니 그야말로 '무구무법 불생불심' 아니겠습니까?

이는 어느 경전이나 어느 조사 스님의 어록에서도 만나기 어려운 구절입니다. 허물이 없으면 법도 없습니다. 그렇게 되면 우리 마음이 좋다 나쁘다, 옳다 그르다 하는 문제들 때문에 부단히 생멸변화하더라도 이미 생멸변화를 초월해 버립니다. 그것이 바로 '불생'입니다. 또 생멸변화하지만 생멸변화를 초월한 것이고, 생멸변화를 초월했다면 굳이 마음이라 할 것도 없는 것이 '불심'입니다.

능 수 경 멸
能隨境滅

경 축 능 침
境逐能沈

능(주관)은 경(객관)을 따라서 멸하고
경(객관)은 능(주관)을 좇아서 잠긴다.

　여기에서 '능能'은 주관을 말하는 것이고 '경境'은 객관을 말하는 것입니다. 능의 상대는 '소所'라고도 합니다. 그래서 '능소能所'라는 표현이 자주 등장하는데, 『초발심자경문』에도 부처님께 예배할 때 예배하는 사람은 '능례能禮'라고 하고 예배를 받을 부처님은 '소례所禮'라고 표현합니다.

　이렇게 주관과 객관을 표현할 때 능과 소로 표현할 때도 있고, 여기에서처럼 능과 경으로 표현하기도 합니다. 또는 근을 주관으로, 경계를 객관으로 하는 표현도 있습니다. 불교는 여러 경로를 통해서 중국에 들어왔고, 번역 시기와 번역자가 각각 달랐기 때문에 불교용어를 번역할 때 조금씩 차이가 있습니다. 그래서 지금과 같은 몇 가지는 공부해서 익숙하게 하는 길밖에 없습니다. 번역하는 사람에 따라 같은 보살을 두고 관자재보살이나 관세음보살로 다르게 번역하듯이, 주와 객을 나눠서 이야기할 때도 능소라고 하는 경우도 있고, 능경能境이라 하는 경우도 있습니다.

'능수경멸能隨境滅'은 주관이 객관을 따라서 멸한다는 말이고, '경축능침境逐能沈'은 객관은 주관을 좇아서 잠긴다, 즉 멸한다는 말입니다. 이 부분 역시 소멸을 말합니다. 주관과 객관, 너와 나, 시是와 비非, 선과 악 등은 모두 상대적으로 존재하는 것이기 때문에 어느 한쪽만 없어지면 다른 한쪽은 저절로 없어지는 것입니다.

연기緣起를 설명할 때 두 단의 갈대 묶음을 세워서 설명하지 않습니까? 두 단의 갈대 묶음을 서로 의지해 세워 놓으면 서 있지만, 한 단을 제거해 버리면 나머지 한 단도 쓰러져 버립니다. 그럼 둘 다 없는 것입니다. 마찬가지로 너는 나 때문에 있고 나는 또한 너 때문에 있고, 시는 비 때문에 있고 비는 시 때문에 있으며, 선은 악 때문에 있고 악은 선 때문에 있는 것이 모두 같은 관계입니다.

경 유 능 경
境由能境

능 유 경 능
能由境能

객관은 주관을 말미암은 객관이요
주관은 객관을 말미암은 주관이다.

객관은 주관을 말미암아서 객관이 됩니다. 너는 나 때문에 네가 되고 나는 너 때문에 내가 된다는 말입니다. 또한 선은 악 때문에 있고 악은 선 때문에 있습니다. 어디에나 적용할 수 있습니다.

그런 점에서 세상은 전부 상대적으로 이루어져 있는 것이 사실이고, 상대적으로 이루어져 있기 때문에 동등한 공능과 가치를 이해해서 제대로 수용해야 합니다. 그런데 그렇게 수용하지 않고 나만 옳고, 이것만 선이라고 하면서 한쪽으로 치우칩니다. 그것을 양변에 떨어진다고 합니다. 그렇게 되면 시시비비가 생기고 불행이 생기면서 문제가 야기되어 온 세상이 어지럽습니다.

세상이 어지러운 것은 따지고 보면 모두 조화를 이루지 못하기 때문입니다. 너와 나는 함께 존재하는 것이니, 이왕 존재한다면 조화를 이뤄서 손잡고 같이 평화롭게 사는 길 외에 다른 것이 있겠습니까? 주관은 객관을 따라서 없어지기도 하고, 객관은 또 주관을 따라서 없어집니다. 그러니 객관은 주관을 말미암은 객관이고, 주관은 또 객관에 딸려 있는 주관이라는 말입니다.

이 구절을 마음에 잘 새기십시오. 그러면 '아, 세상 이치가 그렇구나' 하는 깨달음을 얻어서, 상대를 부정하고 무시하는 것은 곧 자기 자신을 부정하고 무시하는 일임을 이해하게 됩니다. 상대를 해치는 것은 곧 나를 해치는 일입니다. 우리는 이 대단한 원리를 마음속에 이해하고 새겨서 일상생활에 얼마나 활용을 할 수 있을지를 과제로 삼아야 합니다.

욕 지 양 단
欲知兩段

원 시 일 공
元是一空

양단을 알고자 하면
원래 하나의 공이다.

양단兩段은 무엇이겠습니까? 주관과 객관, 선과 악, 시와 비,
진과 망 등 모든 상대적인 것이 양단입니다. 앞에서 능과 경을
이야기했습니다. 이런 주관과 객관의 본질을 파악해 보면 원래
하나의 공이라고 하였습니다. 일공一空은 일심이나 중도와 같은
말로, 공과 유의 상대 개념인 공이 아니라 중도적인 공, 일심으
로서의 공입니다. 너도 나도 지엽적으로 따지면 분명히 있지만
한 생각 좀 더 접고 보면 아무것도 없다는 말입니다.

나와 너를 나누어 놓고 온갖 시시비비 일으키고, 문제가 생기
면 아주 큰 일거리라고 생각하여 밤잠도 못 이루고 소화도 안 되
는 상황까지 이르는 경우가 얼마나 많습니까? 지금 이 순간에도

그런 분들이 많을 것입니다. 그런데 나는 옳고 너는 그르다고 생각해서 지금 밤잠 못 이루고 얼굴 붉혀 가며 시시비비를 따져 본들 그런 일들이 100년쯤 후에 무슨 의미가 있을까요?

'원시일공元是一空'이라는 말을 이해시키고자 드리는 말씀입니다. 그러나 이것은 지금 이 순간 그렇다는 것이지, 시간이 흘러 1년이 지나고 10년이 지나고 100년이 지난 뒤에 비로소 '원시일공元是一空'이라는 말은 아닙니다. 어쩔 수 없이 예를 들어서 이야기를 하느라 드린 말씀이니 감안하고 이해하셔야 합니다.

일 공 동 양
一空同兩

제 함 만 상
齊含萬象

하나의 공은 둘과 같아서
삼라만상을 가지런히 포함한다.

하나인 공은 두 개와 같다, 즉 양단과 같다고 합니다. 하나의 공이라고 생각했을 때 둘 다 살아난다는 것입니다. 두 사람이 크게 시비가 붙어 싸우다가 100년 후에 아무 의미가 없다는 것을 순식간에 동시에 깨달았다면 저절로 마음이 풀어져서 서로 돌아설 것 아닙니까? 그러면 이는 둘 다 살아나는 길입니다. 그러므로 '일공동양一空同兩'이라는 것이 상당히 의미 있는 말입니다. 둘 다 부정해서 하나인 공이라고 생각했을 때 비로소 살아나는 것입니다. 진공眞空에서 묘유妙有가 되는 길입니다.

그래서 '제함만상齊含萬象'이라고 합니다. 너와 나만 살아나는 것이 아니라 삼라만상 두두물물이 모두 포함되어 자기 가치와 자기 생명을 지니고 살아난다는 의미입니다. 앞에서 나온 '일심 불생 만법무구'라는 구절과 같은 뜻입니다.

　이 구절은 이미 존재하는 모든 상황을 우리가 어떻게 이해하고 어떻게 볼 것인가, 깊이 내재한 존재의 실상을 어떻게 이해할 것인가 하는 문제를 분석해서 제시한 것입니다.

신심명 강의

제6강

불 견 정 추
不見精麤

영 유 편 당
寧有偏黨

정과 추를 보지 않나니
어찌 편당이 있겠는가.

    하나의 공은 결국 양단과 같아서 모든 게 살아난다고 했습니다. 하나의 공으로 통일되었을 때 그야말로 진공묘유가 되는 것이니, 양단이 상반되는 것이 아니라 서로 조화를 이루고 돕는 입장이 되어 같아진다는 표현을 씁니다. 삼라만상이 전부 그 속에 무르녹아서 조화를 이루면 네가 잘났다 내가 잘났다 하는 것이 있을 수 없습니다. 앞에서 쌀과 겨로 이야기할 때 겨는 겨대로 가치가 있고 쌀은 쌀대로 가치를 지니고 있다는 입장에서 보면 정과 추가 없습니다.

    '정'은 정밀한 것이고 '추'는 거친 것인데 이런 차이를 보지 않는다는 말입니다. 가치와 공능을 똑같이 서로 인정해 주는 것입니다. 예를 들어서 살림 사는 사람이나 밖에 나가 돈 버는 사람이나 그 역할이 달라서 그렇지 가치는 똑같습니다. 나가서 돈 번다고 해서 더 가치 있는 것이 아니고 안에서 살림한다고 해서 가치가 덜한 것도 아니고 똑같이 가치 있고 소중합니다. 그것이 정과 추를 보지 않는 이치입니다.

음식으로 이야기하면 반찬이 너댓 가지라 하더라도 자기 마음에 드는 음식이 있을 것이고 마음에 들지 않는 음식이 있을 수 있다는 것입니다. 스님들의 삭발목욕일에는 김이나 두부 같은 조금 나은 반찬이 몇 가지 올라옵니다. 한 상에 반찬이 오면 4~5명에게 내려가고 많으면 5~10명까지 내려가는데 평소에 못 보던 반찬이고 조금 마음에 드는 반찬이라고 해서 위에서 좋은 반찬을 다 덜어 버리면 밑에 있는 사람에게는 맛없는 반찬만 돌아가게 될 것 아닙니까? 그래서 그런 부분에 대해 주의를 줍니다. 『초발심자경문』에 '정한 곳을 좋아하고 추한 곳을 싫어하지 말라(不得欣厭精駝)'고 하였습니다. 반찬도 마찬가지여서 마음에 드는 반찬이든 마음에 안 드는 반찬이든 조금씩 먹을 만큼 덜어서 먹도록 훈련시킵니다. 처음에 절에 들어오면 『초발심자경문』을 통해서 대중생활에 필요한 것을 가르치는 것입니다.

음식도 따지고 보면 나름대로 장점이 있고 역할이 있고 성분이 있기 때문에 어느 것이 더 낫고 어느 것이 못한 것이 사실은 없습니다. 우리가 제대로 파악하지 못해 그렇지, 정하고 추한 것을 보지 않으면 한쪽으로 치우치는 일이 없습니다.

사람 사는 사회에서 이것이 제일 문제입니다. 여럿이 한곳에 모여 살다 보면 묘하게도 마음에 안 드는 사람이 있습니다. 사실은 내 마음에 안 드는 것뿐입니다. 단지 내 마음에 안 들어서 그런 것뿐인데 그를 나쁜 사람이라고 생각합니다. 하지만 사실은 다른 데 가면 환영받고 훌륭하고 멋진 사람이라는 소리를 들을 수도 있습니다.

물론 어디에 가든 나쁜 사람도 있습니다. 하지만 보통은 한쪽에서는 나쁘다는 소리를 듣지만 다른 쪽에서는 아주 훌륭한 사람이라는 소리를 듣고, 한쪽에서는 훌륭한 사람이라는 소리를 들어도 다른 쪽에서는 나쁜 사람이라는 소리를 듣게 되어 있습니다. 그 기준은 사실 전부 내 감정입니다. 그런 것이 편당偏黨입니다. 아전인수我田引水 격으로 내 잣대, 내 감정, 내 기준으로 사람을 점수 매기다 보니 치우치는 것입니다. 그런데 사람의 가치를 똑같이 인정해 주고 나름의 장점과 쓸모를 다 이해해 줄 수만 있으면 따로 잘나고 못나고를 보지 않고 어디에도 치우치지 않는다는 것입니다.

돌담을 쌓을 때 가만히 보면 대개 큰 돌이 빨리 쌓입니다. 그런데 큰 돌을 받치기 위해서는 작은 돌을 고여 줘야 합니다. 작은 돌이 없으면 큰 돌을 깨서 작은 돌 역할을 하게 합니다. 조그만 돌이 없으면 큰 돌이 그 자리를 지탱할 수 없습니다. 작은 돌이라고 해서 그 역할이 작거나 큰 돌이라고 역할이 더 많거나 한 것이 절대 아닙니다.

우리가 보기에 무식한 사람이나 유식한 사람도 사실은 똑같습니다. 꼴찌가 있어야 일등이 있는 것이지 꼴찌 없는 일등이 이 세상에 어디 있겠습니까?

우리가 정말 속시원하게 꿰뚫어서 이해하고 받아들일 수 있으면 절대로 한쪽으로 치우쳐서 보지 않습니다. 편당이 있을 수가 없습니다.

대 도 체 관
大道體寬

무 이 무 난
無易無難

대도는 그 체가 너그러워서
쉬움도 없고 어려움도 없다.

「신심명」맨처음에는 '지도무난至道無難'이라고 했고 여기에서
는 '무이무난無易無難'이라고 했습니다. 표현만 다를 뿐 같은 뜻입
니다.

지극한 도를 바람직한 삶이라고 해석했는데, 그 도는 본체가
너그럽다고 하였습니다. 대도란 무엇이겠습니까? 가슴 툭 터진
인생, 시원한 인생입니다. 그것이 대도지 달리 무슨 대도가 또
있겠습니까? 있을 필요도 없습니다. 어디에도 걸릴 게 없고 무
엇이나 거울처럼 비춰 볼 수 있는 그런 마음가짐과 삶의 태도가
바로 대도입니다.

우리가 가지고 있는 마음의 본래 모습만 제대로 파악되면, 무

한히 넓고 광대하고 깊고 높은, 그런 마음이 바로 내가 됩니다. 내가 그 마음이 되고 그 마음이 내가 되면 정말 본체가 한없이 너그럽고 큽니다. 그래서 모든 것을 수용할 수 있습니다.

그런데 이런 것을 우리가 다 가지고 있음에도 불구하고 빙산의 일각도 못 되게 조금밖에 수용하지 못하고 있는 것입니다. 무궁무진한 것이 우리 속에 아직 그대로 남아 있습니다. 이것을 얼른 부처님의 좋은 솜씨로 캐내서 개발해야 내 것이 되고 자유자재로 쓸 수 있습니다.

앞에서 지극한 도는 어려움이 없다고 했지만, 여기에서는 체가 너그러워서 쉬움도 없고 어려움도 없다고 했습니다. 표현이 조금 다를 뿐 어긋난 표현은 아닙니다.

우리 마음은 본래 모습이 아주 너그러운데 우리가 제대로 확대시켜 쓰지 못한다는 것이 큰 아쉬움으로 남아 있습니다. 스스로 개발하지 못하면 선지식들의 이런 가르침을 통해서 내 살림살이를 만들어야겠습니다. 이것이 우리들의 과제고 화두입니다.

소 견 호 의
小見狐疑

전 급 전 지
轉急轉遲

작은 견해로 의심하고 의심해서
급하게 할수록 더욱 더디어진다.

'호狐'는 여우라는 뜻으로 주로 쓰이지만 '의심하다'라는 뜻도 있습니다. 호의는 의심하고 또 의심해서 의혹이 많다는 것입니다. 마음이 확 터져 버리지 못하고 뭔가 찝찝한 것이 남아 있는 것이 호의입니다. 작은 견해로 의심해서 급한 마음에 자꾸 급하게 할수록 더욱 더디어진다고 하였습니다.

앞에서 화두를 들어도 도대체 자기 뜻대로 안 되니 법당 마룻 바닥에 이마를 찧은 스님 이야기를 했습니다. 그런 경우가 바로 이치를 모르고 급하게 하려고만 하는 것입니다. 도대체 마음이 터지지 않는 것입니다. '전급전지轉急轉遲'라는 말은 우리들이 공 부하는 모습을 승찬 스님이 훤히 들여다보고 있는 느낌입니다.

승찬 스님의 삶과 같은 그런 힘든 삶이 또 있었겠습니까? 그런 힘든 삶을 끝내고 마음이 툭 터져 대중을 거느리고 공부하는 모습들을 굽어보면서 눈에 들어오는 별별 근기의 사람들을 보고 안타까운 마음에 이런 이야기를 하시지 않았나 싶습니다.

집 지 실 도
執之失度

필 입 사 로
必入邪路

너무 집착하면 법도를 잃어 버려
반드시 삿된 길로 들어서게 된다.

법도라는 것은 물 흐르듯이 자연스러운 것입니다. 그런데 너무 집착하다 보니 그만 그 이치를 잃어 버려 삿된 길로 들어섭니다. 기도가 그렇고, 참선이 그렇고, 간경이 그렇고, 돈 버는 일도 그렇습니다. 돈 버는 일도 자신의 위치를 모르고 자기 소견대로 그냥 이렇게 하면 벌어지려니 생각하고 무턱대고 하면 결국 망하게 됩니다.

여기에서 '삿된 길'은 돈 버는 사람에게는 망하는 것입니다. 퇴직금 타서 절약하고 살면 노후를 편안히 살 수 있을 텐데, '이것 가지고 평생 어떻게 사나' 하는 조급한 마음에 준비 없이 무엇인가를 시작하다가 그것마저 날리는 경우가 얼마나 많습니까? 그것이 집착입니다.

그냥 느긋하게 기다려 보면 될 일입니다. 조사 스님들이 이런 비유를 자주 드십니다. 배가 바람에 흔들리니 배가 뒤집힐 거라고 생각하고 먼저 물로 뛰어드는 사람이 있습니다. 그런데 나중에 보니 배가 다시 안정을 찾고 그대로 무사히 갑니다. 그럼 물에 뛰어든 사람은 어떻게 되겠습니까? 그러니 너무 집착하면 자연스러운 법도를 잃어 버린다고 하였습니다.

불교는 삶을 지혜롭게 사는 방법입니다. 불교가 밥 먹여 줍니까? 밥 먹여 주는 것과는 관계가 없습니다. 삶의 지혜요 생활태도니, 불교적인 지혜와 안목으로 우리가 어떻게 삶을 영위해 갈 것인가 하는 것입니다. 그 열쇠를 부처님의 가르침과 조사 스님의 가르침에서 빌리자는 것이고 그것이 익숙해지면 바로 내 열쇠가 되는 것입니다. 내 것이 되기 전에는 하는 수 없이 선각자들의 지혜를 빌려야 합니다.

집착하면 법도를 잃어 버리고 반드시 삿된 길에 들어설 것이라는 말은, 공부하는 이야기도 되고 장사하는 데 필요한 이야기도 되고 사업에 필요한 이야기도 되고 사람관계에 필요한 이야기도 되어 인생에 해당되지 않는 것이 없습니다.

방 지 자 연
放之自然

체 무 거 주
體無去住

놓아 버리면 저절로 그러함이니
자체에 가고 머묾이 없다.

    여기서 '자연'이라는 것은 자연 현상을 두고 하는 말이 아니라 저절로 그렇다는 말입니다. 놓아두면 물 흐르듯이 흘러가는 것입니다. '체體'는 '대도체관大道體寬'의 체로서 우리의 심체心體입니다. 삶의 본체에는 가고 머무는 것이 없다고 하였습니다.

    가도 가기만 하는 것이 아니고, 머물러 있다고 해서 그냥 머물러 있기만 한 것이 아닙니다. 갈 때는 가고 머물 때는 머무는 것입니다. 그런 것이 '체무거주體無去住'입니다. 우리는 갈 때 안 가고 머물 때 안 머물며, 무조건 머물러 있거나 무조건 갑니다. 그렇게 하면 물 흐르듯이 저절로 되는 일을 경험하지 못합니다.

    사람이 세상을 살면서 앉을 자리 설 자리만 잘 보고 앉고 서도 어지간히 된 사람이라고 그러지 않습니까? 갈 때와 머물 때를 잘 아는 것, 갈 곳과 머물 곳을 잘 아는 것, 즉 장소와 시간을 잘 알아서 생활한다면 참 멋진 모양새입니다.

불교의 지혜를 빌어서 삶의 모양을 갖추자는 말입니다. 부처님의 가르침과 조사 스님의 가르침을 빌어서 내가 살아가고 있는 모양을 어떻게 그려 갈 것인가 하는 것입니다. 지금의 모양새가 저절로 그러하지 못하고 자연스럽지 못하다는 것은 스스로 잘 알고 있지 않습니까? 「신심명」 구절 하나만으로도 평생 삶의 거울이 되고 인생의 지침이 될 것입니다.

임 성 합 도
任性合道

소 요 절 뇌
逍遙絕惱

성품에 맡기면 도에 합해서
소요자재히 번거로움을 끊는다.

앞에서 평생 동안 「신심명」으로 수행하신 스님의 이야기를 했습니다. 유교 공부를 많이 하고 절에 들어와서도 불경 공부를 많이 했습니다. 이 스님이 글씨를 잘 쓰셨는데 나중에는 「신심명」 쓰는 것으로 수행을 삼았다고 말씀드렸습니다. 그분의 호가 임소산인任逍山人입니다. 「신심명」 중에서도 '임성합도 소요절뇌任性合道 逍遙絕惱'라는 이 구절이 제일 마음에 들었던 모양입니다. 그래서 한 글자씩 따서 '임소산인'이라고 호를 정했습니다.

도라는 것이 어디에서 가져오는 것도 아니고 조각하듯이 차츰차츰 쪼아서 조각품을 만들어 가는 것도 아닙니다. 공덕을 짓는다고 도가 이루어지는 것도 아닙니다. 그냥 그런 이치를 알아서 본성에 맡겨 두면 도에 합한다고 하였습니다. 대도에 합하는 것은 툭 터진 인생이 된다는 것입니다. 행복한 인생, 평화로운 인생, 자유로운 인생이 된다는 것입니다.

'소요'는 어디에도 걸리지 않고 자재한 것입니다. 아무리 가난해도 가난한 데에 걸리지 않고 아무리 부자라도 부자에 걸리지 않고, 높은 벼슬을 해도 높은 벼슬에 걸리지 않고 아무 명색이 없는 삶을 살아도 거기에 걸려 있지 않는 것입니다. 그런 외적 조건은 아무런 문제가 되지 않는 것이 소요자재입니다. 몸이 마음대로 돌아다닌다고 해서 소요자재가 아닙니다.

소요자재해서 괴로움을 다 끊었다고 하였습니다. '뇌惱'는 번뇌라는 뜻인데, 신경 쓰이게 하다 · 괴롭다 · 번민하다 · 골치 아프다 등의 의미가 다 포함되어 있습니다. 인생을 살아가는 데 그런 것들이 하나도 없이 뚝 끊어졌다는 말입니다.

'소요절뇌'는 정말 좋은 말입니다. 그렇게 되려면 공덕을 지어야 한다거나, 육바라밀을 닦아야 한다거나, 참선을 해야 한다거나, 기도를 해야 한다거나, 경을 많이 봐야 한다거나 하는 조건을 내걸고 있지 않습니다. 그냥 우리 본성에 맡겨 두면 도에 합한다고 하였습니다.

신
심
명 강
의
제
7
강

계 념 괴 진
繫念乖眞

혼 침 불 호
昏沈不好

생각에 얽매이면 진실과 어긋나나니
혼침도 좋지 않다.

　성품에 맡기면 도에 합하여 아무런 근심 걱정과 괴로움이 없다고
했는데 반대로 망념妄念에 얽매이면 진실을 어기게 된다고 하였습니
다. '계념繫念'은 생각에 얽매이는 것으로, 대개 망상妄想이라고도 합
니다. 다른 말로는 생각이 자꾸 들고 일어난다고 해서 도거掉擧라고
도 합니다.

　또 다른 면으로 안 좋은 것으로 '혼침昏沈'이 있습니다. 경전 공부
를 하든, 기도를 하든, 참선을 하든 항상 성성惺惺하게 깨어 있어야
합니다. 그런데 성성하게 깨어 있지 못하고 망상에 계념하거나 혼침
합니다. 혼침은 졸린다는 뜻인데 수면이 아니라 자지 않으려고 애쓸
때 오는 그 잠을 말합니다. 그야말로 공부하기 위해서 깨어 있어야

할 그 시간에 혼침이 온다는 것입니다.

그런 혼침은 좋지 않다고 하였습니다. '진실과 어긋나게 된다'는 말과 표현만 다를 뿐, 좋지 않다는 말은 진실과 어긋나게 된다는 말과 같은 뜻입니다.

계념, 즉 생각에 얽매이는 것과 혼침이 와서 사람이 몽롱하게 되어 비몽사몽간을 헤매는 것, 이 두 가지 모두 공부와는 거리가 멀다는 것입니다.

공부할 때는 성성역력惺惺歷歷해야 한다고 합니다. 일상생활에서도 그렇습니다. 불교에서 술을 마시지 못하게 하는 이유 중에 하나는 정신을 혼란하게 하고 흐리게 하기 때문입니다. 늘 깨어 있는 정신이 바람직한 삶인데 흐리멍텅하여 분별심을 잃으면 아까운 인생을 올바르게 살 수 없다는 것입니다. 그래서 술에 취하는 것을 경계합니다. 그래서 술을 먹지 말라는 표현 대신 술에 취하지 말라고 해석해서 계율을 이야기하는 사람도 있습니다.

성성惺惺하다는 것은 정신이 초롱초롱한 것이고 역력歷歷하다는 것은 분명하다는 말입니다. 정신이 초롱초롱해야 역력합니다. 글을 읽든 화두를 들든 기도를 하든 간에 일단 정신이 초롱초롱하게 성성해야 하고, 그 다음에 관세음보살을 부르든 화두를 들든 경을 읽든 그 하는 일이 분명해야 합니다.

역력하기만 하고 성성하지 못하면 그것도 병이고 성성하기만 하고 공부하는 것이 역력하지 못하면 그것도 병이기 때문에 성성역력해야 한다고 말합니다. 그런데 너무 역력하려고 하다 보면 계념이 되어 생각에 얽매이게 되고, 너무 성성하려고 하다 보면 혼침에 떨어지게 됩니다.

공부하는 입장뿐 아니라 우리의 삶도 그렇습니다. 흐리멍텅한 마음으로 시간이 지나고 나면 인생에 손해를 본 것 같고 기분이 나빠집니다. '아이고, 내가 왜 이런 시간을 보냈을까' 하는 후회를 합니다.

불 호 노 신
不好勞神

하 용 소 친
何用疎親

좋지 않은 것과 정신을 수고롭게 하는 것에
어찌 멀고 가까움을 사용하겠는가.

'불호不好'는 혼침이고 '노신勞神'은 계념입니다. 생각에 얽매여 망상을 많이 하고 잡생각을 많이 하는 것이 '계념괴진繫念乖眞'이 라고 했는데, 그것이 정신을 수고롭게 하는 것입니다. 그래서 다 른 표현으로 '노신'이라고 한 것입니다.

혼침과 계념 두 가지 중 어느 것이 공부에 가깝고 어느 것이 공부에서 멀다 할 수 없다는 말입니다. 사실은 어느 것도 공부와 맞는 것은 없습니다. 혼침이 좋다 계념이 좋다, 이런 일은 있을 수 없다는 뜻입니다.

욕 취 일 승
欲趣一乘

물 오 육 진
勿惡六塵

일승에 나아가고자 하면
육진을 싫어하지 말라.

　'육진六塵'은 두말할 것 없이 안眼·이耳·비鼻·설舌·신身·
의意 육근의 대상이 되는 색色·성聲·향香·미味·촉觸·법法입
니다. 육진은 육경六境이라고도 합니다. 그런데 눈에 보이는 것,
귀에 들리는 것 등의 육진은 사실 우리 생활의 터전이 되는 현상
들입니다. 일반적으로 불교에서는 이 현상을 뛰어넘어야 한다고
가르칩니다. 이것은 우리 마음의 세계가 아니라 물질의 세계고
바깥세상이기 때문에 초월해야 하고 떠나야 한다고 표현하는데,
여기서는 그렇지 않습니다.
　이 「신심명」은 서두에서도 말씀드렸듯이 보통의 신앙적인 신
심이 아니고 다른 표현으로 하면 불심佛心이요, 선심禪心입니다.

선의 경지에 깊이 들어간 마음을 신심, 불심, 선심, 법심法心이라고 표현할 수 있습니다. 그러므로 「신심명」의 신심은 법심이요, 불심이요, 선심이요, 도심道心입니다.

그런 마음이기 때문에 최상의 가르침이 당연히 등장해야 합니다. 여기에서 일승一乘이라는 것은 『법화경』에서 말하는 불승佛乘, 일불승一佛乘을 뜻하는 것입니다. 간단하게 표현하자면 사람이 그대로 부처님이고 또 이 현실이 그대로 청정법신淸淨法身 비로자나불의 세계라서 어느 하나도 배제할 것이 없다는 말입니다. 마음이다 물질이다 하면서 분별하는 차원이 아닙니다. 이런 것을 나누어서 생각하는 것은 그 경지가 아주 낮은 수준입니다.

진정한 부처의 경지에 나아가 부처의 경지가 내 경지가 되게 하려면 육진경계六塵境界를 싫어하지 말라고 합니다. 육진경계 그대로 부처의 세계고, 청정법신 비로자나불의 세계고, 유심정토唯心淨土이고 화장세계華藏世界라는 말입니다.

소동파가 상총 선사를 만나서 "제가 이런저런 법문을 많이 들었는데 스님께서도 한 마디 해 주십시오"라고 하였습니다. 스님이 가만히 들어 보니 이 거사가 지식이 뛰어나고 벼슬도 높고 불교 공부도 상당히 하여서 보통 말로 해서는 안 되겠다 싶었습니다. 그래서 스님은 "거사는 왜 유정설법有情說法만 그렇게 좋아하고 무정설법無情說法은 좋아하지 않습니까? 무정설법을 들을 생각을 해야지 어떻게 유정설법만 듣습니까?" 하고 대답했습니다.

유정有情은 두말할 것도 없이 사람이나 동물을 말하는데 사람이 하는 설법을 유정설법이라고 합니다. 무정설법은, 산하山河·

대지大地 · 초목草木 · 돌 등을 일반적으로 무정無情이라고 하니, 그런 산천초목이 설법하는 것을 말합니다.

천하의 소동파도 그런 소리는 처음 들었습니다.

'야, 이거 무정설법이라니?'

무정설법이라는 말에 그만 정신이 멍해졌습니다. 그래서 돌아오는 길에 계속 무정설법이 도대체 무엇인가 하는 화두가 머리에 와 있었습니다. 그렇게 정신없이 집으로 돌아오는데 개울이 크게 흐르다가 폭포가 되어 사정없이 지축을 뒤흔들 만큼 물소리가 큰데도 그 소리가 전혀 들리지 않을 정도로 일념이 되었습니다.

'무정설법이 무엇인가?'

그러다가 그 개울 앞에 와서 물이 떨어지는 것을 보는 순간 비로소 물소리가 들리는 것입니다. 그러면서 생각이 확 바뀌고 한 생각이 돌아오게 되었는데 그때 지은 게송偈頌이 있습니다.

溪聲便是廣長舌　시냇물 소리가 바로 광장설이니
山色豈非淸淨身　산천이 어찌 청정법신 아니겠는가.
夜來八萬四千偈　밤이 오면 팔만사천 게송이나 되는데
他日如何擧似人　후일 다른 이에게 어떻게 전할까.

'시냇물 소리가 부처님의 광장설법이다. 그렇다면 이 시냇물 소리를 흘려 보내는 저 산천은 그대로 청정법신 비로자나불이 아닌가. 산천초목이 그대로 청정법신 비로자나불이기 때문에 거기에서 들려오는 소리는 그대로 설법이다. 부처님의 소리는 설법일 수밖에 없다. 밤이 되면 법문이 쌓이고 쌓여서 팔만사천 게송이나 되는데 그 도리를 누구에게 일러줄 것인가?' 이런 표현을 했습니다.

이 게송은 아주 훌륭한 게송으로 많은 선사가 착어하고 인용을 합니다. 바로 그렇습니다. 진정 눈을 뜨고 깨달음의 경지에 이른 사람들은 육진경계가 결코 화장세계가 아닐 수 없고 법신 비로자나불이 아닐 수 없다고 하였습니다. 그대로가 다 진리의 세계요, 법신 비로자나불의 세계이니 육신이나 육근, 육경이나 육진을 배제하고 따로 일불승이 없다는 것입니다.

육 진 불 오
六塵不惡

환 동 정 각
還同正覺

육진을 싫어하지 않으면
또한 정각과 같다.

육진을 싫어하지 않는다는 것은, '내가 아니다' '마음이 아니다' 하면서 배제하지 않는다는 것입니다. 그것이 바로 나고 나의 마음이라는 입장이 되면 그대로 정각이라고 하였습니다. 부처님께서 바른 깨달음을 성취했다는 말을 하는데 부처님이 깨달으신 정각은 바로 육진경계를 나와 다른 존재라고 생각하지 않는 데서부터 온다는 것입니다.

차원이 높은 이야기입니다. '일불승에 나아가려면 육진경계를 싫어하지 말라. 육진경계를 싫어하지 않으면 그대로 정각이다' 하면서 부처님이 깨달으신 정각이 그대로 육진경계 자체라고 말합니다.

지 자 무 위
智者無爲

우 인 자 박
愚人自縛

지혜로운 사람은 조작이 없거늘
어리석은 사람은 스스로 묶이도다.

무위無爲라는 말은 번역하기가 쉽지 않습니다. 반대는 유위有
爲인데 뭔가 조작한다는 뜻입니다. 무위라는 말은 조작이 없다
는 말입니다. 지혜로운 사람은 무엇을 어떻게 해서 정각을 이루
려는 조작이 없다는 것입니다. 아무것도 하는 게 없는 것입니다.
경을 봐도 본다는 상相이나 흔적이 없습니다. 참선을 해도 그렇
습니다. 참선합네 하는 것은 참선이라고 할 수 없습니다. 선심禪
心은 그런 것이 아닙니다. 무위여야 합니다. 해도 하는 것이 없는
그런 무위의 입장이 되어야 합니다. 무위의 경지까지는 아니라
하더라도 최소한 의식적으로 상相 내는 일은 없어야 한다고 말씀
드릴 수 있습니다.

그런데 어리석은 사람은 자승자박自繩自縛한다고 하였습니다. 어리석은 사람은 스스로 위치를 설정해 놓고 그것에 속박당한다는 말입니다. 속박으로 말하자면 불교가 제일 속박이 많습니다. 불교에서 이런저런 방편方便을 만들어 놓는데 그 방편에 걸리는 사람 역시 불교인입니다. 불교인이 아닌 사람은 차라리 안 걸립니다. 우리가 어떤 경지에 오르기까지 중간 과정으로서 편의상 속박도 당하고 법도 설정해 놓고 지키는 일들도 물론 있습니다만, 여기에서는 그런 것과 아울러서 어리석은 사람들은 깨달음이나 성불이나 견성見性이나 일불승을 배제하고 취사선택이 늘 있습니다.

이것은 해도 된다, 이것은 하면 안 된다 하는 것이 너무 많습니다. 그런 것이 어리석은 사람의 행위고 스스로 속박당하는 것입니다. 그러다 보니 서울에 간다고 하면서 오히려 반대 방향으로 가는 경우가 적지 않습니다. 이것을 바로 아는 것이 눈을 뜨는 일이고 마음이 열리는 일이고 지혜가 밝아지는 일입니다.

그것을 위해서 경을 보고 참선을 하고 기도를 하지만, 어쩌다 보면 그런 목적을 상실하고 오로지 경을 위해서 경을 보고 기도를 위해서 기도를 하고 참선을 위해 참선을 하는 사례들이 적지 않습니다.

불교는 다른 말로 하면 지혜로운 인생입니다. 불교가 뭐냐고 묻는다면 지혜롭게 사는 것이라고 한마디로 말씀드릴 수 있습니다. 지혜 외에는 달리 없습니다. 그래서 불교는 지혜와 자비의 가르침이라고 합니다. 자비의 가르침도 사실은 지혜가 밑바탕이 된 위에 자비를 실천해야 진정한 자비가 되기 때문에 지혜를 제일 우선시합니다.

지혜를 구체적으로 드러내서 이야기하는 가르침이 반야부 경전인데, 49년 설법에 21년간 설했다고 하고 책의 권수도 무려 600부나 되어 양으로 봐서는 제일 많습니다. 지혜가 그만큼 중요하기 때문에 그렇다는 것입니다.

부처님이 우리와 다른 점이 있다면 지혜가 있는 분이라고 이야기할 수밖에 없습니다. 달리 특별한 것은 없습니다. 그저 세상과 인생의 지혜가 툭 터져서 아주 밝은 지혜의 삶을 사는 분입니다. 우리가 불교를 공부하고 불교를 믿는 것도 결국은 인생을 지혜롭게 살자는 것이지 다른 것은 아무것도 없습니다. 참선이든 기도든 간경이든 다 그렇습니다. 한마디로 그 어떤 불교적 행위도 인생을 지혜롭게 살자는 것입니다.

그래서 여기서도 지혜로운 사람은 아등바등 어리석게 엉뚱한 길을 모색하지 않고, 괜히 어리석은 사람들이 스스로 그것에 속박당한다고 하였습니다.

법 무 이 법
法無異法

망 자 애 착
妄自愛着

법에는 다른 법이 없거늘
망령되이 스스로 애착한다.

'이법異法'의 '이異' 자는 '다를 이' 자인데, 여기서는 '뛰어나다' '특별하다'는 뜻입니다. 법에는 특별한 법이 없지만 망령되이 스스로 애착한다고 하였습니다.

큰스님이 "이 진언眞言을 하면 좋다"라고 하면 세상에서 그 주문이 제일이고 나머지 것을 하는 사람들은 아무 소용없다고 생각해서 그 주문에만 매달리는 사람들이 있지 않습니까? 하지만 특별한 법은 없습니다. 만약에 특별함을 이야기한다면 누가 특별하게 공부를 하느냐에 따라서 무엇을 하든지 특별한 법이 되는 것이지 무슨 특별한 법이 따로 있겠습니까? 그렇다면 특별하고 가장 영험 있는 한 가지 법만 내놓지 왜 여러 가지를 내놓았겠습니까?

철봉에 매달리든 평행봉에 매달리든 열심히 매달려서 운동을 해야 건강해지는 것이지 평행봉에 매달렸다고 건강해지고 철봉에 매달렸다고 건강해지지 않는 것은 아닙니다. 설사 철봉을 황금으로 만들어 놓았다 해도 매달리지 않으면 아무 소용없습니다.

우리 불교에서는 별별 진언, 별별 화두, 별별 공부 방법을 소개하고 있습니다. '한때는 무슨 관세음보살이 영험 있었고, 지금은 지장보살이 영험이 있다' '어느 곳이 영험 있다' '어디가 기도 도량이다' 하는 것은 다 내가 어떻게 하느냐에 달려 있는 것입니다. 하는 사람에게 달려 있는 것이지 특별한 장소도 없고, 특별한 보살이 있는 것도 아니며, 특별한 진언이나 화두가 있는 것도 아닙니다.

자기가 존경하는 스님에게 받은 진언이나 화두면 그것에 절대적으로 매달리는데 그런 것은 공부가 아니고 애착이고 집착입니다. 그래서 법에는 특별한 법이 없지만 망령되이 스스로 애착한다고 하였습니다. 애착을 떼려고 불교 공부하다가 도로 애착이 생겨 버리면 어떻게 합니까?

옛날에 아무것도 아는 것이 없고 순진하기만 한 어떤 할머니가 큰스님에게 찾아가 불법을 물었습니다. 그런데 "마음이 곧 부처"라는 이야기를 전해 주려고 '즉심시불卽心是佛'만 이야기해 주었습니다. 그런데 할머니는 '즉심시불'이라는 말을 '짚신시불'로 잘못 듣고 "짚신이 부처다"라고 이해했습니다. 그래서 돌아와서는 '내 짚신이 부처다, 짚신이 부처다' 그것만 생각했다고 합니다. 그러다가 어느날 크게 마음이 열려 도를 이루었다는 일화가 있는데, 이것이 어디 화두가 되겠습니까?

그렇지만 그 노보살님이 얼마나 정성스럽고 진지하게 제대로 공부했느냐에 따라서 그야말로 활구活句가 되어 훌륭한 화두가 되고 훌륭한 공부가 된 것입니다. 훌륭한 진언이 따로 있는 것이 아니고 훌륭한 공부 방법, 훌륭한 보살이 따로 있는 것이 아닙니다.

그러니 애착할 것 없이 내 인연에 맞고 내 수준에 맞고 내 근기에 맞는 기도, 나에게 맞는 공부를 선택해서 하는 것이 좋습니다. 물론 그렇다고 애착할 일은 아닙니다.

이는 특히 불교를 공부하는 사람으로서 늘 자신을 되돌아보아야 할 그런 가르침이 아닐까 생각합니다.

신심명 강의

제8강

장 심 용 심
將心用心

기 비 대 착
豈非大錯

마음으로 마음을 쓰니

어찌 크게 그르치는 것이 아니겠는가.

우리는 마음의 문제를 잘 이해해야 하는데, 마음의 문제는 아
주 쉬우면서도 어떻게 보면 또 어려운 것입니다. 「신심명」의 '신
심'이 본심本心이요, 불심이요, 선심이요, 법심이라는 설명은 앞
에서 했습니다. '신심'이라는 말 속에는 모든 이치를 다 포함하고
있고, 그런 진리를 담고 있는 가르침이 「신심명」이라고 말씀드릴
수 있습니다.

그런데 마음의 원리 중 하나를 "마음을 가지고 마음을 쓴다면
어찌 크게 그르치는 것이 아니겠는가(將心用心 豈非大錯)"라고 하였
습니다. 마음은 그냥 마음으로 있을 뿐입니다. 그냥 있도록 둬야
하는데 마음을 어떻게든 쓰려고 합니다. 불교는 마음 찾는 공부

라고 하고 마음을 깨닫는 공부라고 흔히 표현하면서, 마음을 잘 관찰해서 이치대로 흘러가게 두지 않고 마음이 본래 가진 이치와 상반되게 쓰는 경우가 많습니다.

불교 공부를 좀 했다는 사람들이 더 그렇습니다. 그것은 마치 물로써 물을 씻는 것과 같습니다. 물은 다른 것을 씻어 줍니다. 과일을 씻고, 채소를 씻고, 쌀을 씻고, 그릇을 씻고, 모든 것을 물로 씻습니다. 그런데 물로써 물을 씻는다고 하면 이것은 맞지 않는 일입니다. 마음으로 마음을 쓰는 일은 물로써 물을 씻는 격이라는 말입니다. 크게 잘못된 것이니 어찌 크게 그르친 것이 아니겠습니까?

미 생 적 란
迷生寂亂

오 무 호 오
悟無好惡

미혹하면 고요함과 어지러움이 생기고
깨달음에는 좋고 싫음이 없다.

　마음의 이치를 모르면, 고요하니 어지러우니 시끄러우니 하
는 일들이 마음속에서 시끄럽게 일어납니다. 일어나는 것이 병
이 아니라 그것을 문제삼는 것이 병입니다. 고요한 것을 문제삼
고 시끄러운 것을 문제삼습니다. 마음의 이치를 모르면 마음은
고요할 수도 있고 시끄러울 수도 있습니다. 그러나 고요하다, 시
끄럽다, 좋다, 나쁘다 하는 판단은 하지 않습니다. 그것이 마음
의 속성입니다. 공적한 가운데 끊임없이 작용하는 것이 마음입
니다. 끊임없이 작용하면서도 공적한 것이 또 마음입니다.

　그런데 공적이다, 작용이다 하고 나누어서 보면 어지러움과
고요함이 생깁니다. 제대로 알지 못하기 때문에, 어지럽고 고요

한 것이 아닌데 그것을 어지럽다고 하고 고요하다고 하는 것입니다. 마음의 이치를 모르면 고요함과 어지러움이 생기는데, 생겨서 생기는 것이 아니라 그것을 문제삼는 것입니다.

다음으로 마음의 이치를 알면 호오好惡가 없다고 합니다. 고요한 것을 좋아하고 시끄럽고 어지러운 것을 싫어하는 일은 있을 수 없습니다. 이미 시끄러우니 고요하니 하는 것을 문제삼지 않기 때문에 고요한 것을 좋아하거나 시끄러운 것을 싫어할 수 없다는 것입니다.

깨닫는다는 것은 뭘 깨닫는다는 말입니까? 마음의 이치를 안다는 것입니다. 미혹하다는 것은 무엇입니까? 마음의 이치를 모르는 것입니다. 마음의 이치를 모르면 고요한 것을 문제삼고 어지러운 것을 문제삼습니다. 그래서 고요한 것과 어지러운 것이 생기는 것입니다. 이것이 바로 상반되는 것입니다. 이변二邊이고 치우친 것이니 중도가 아닙니다.

모든 것이 중도의 원리로 존재하지만, 특히 마음만큼 중도의 원리가 철저한 것이 없습니다. 예를 들어 물은 우리가 보는 물로만 있는 것이 아닙니다. 열을 가하면 수증기가 되고, 차게 하면 얼음이 됩니다. 기체로 액체로 고체로, 얼마든지 변할 수 있습니다. 그것이 물의 중도 속성입니다.

마음도 역시 고요할 수도 있고, 시끄러울 수도 있고, 어지러울 수도 있습니다. 그런데 그것을 문제삼으면 장애가 됩니다. 그러니 고요하니 시끄러우니 하며 나누어서 좋다 나쁘다 할 것이 없습니다. 마음의 이치가 본래 그런 줄 알면, 굳이 그럴 것도 없습니다.

부처님도 공양하시고 화장실도 가시고 잠도 자고 설법도 하시고, 우리가 하는 일의 대부분을 하십니다. 마찬가지로 부처님이 하는 일의 대부분을 우리도 합니다. 우리가 하는 일의 대부분을 부처님이 생활 속에서 한다고 해서 부처님이 아니다 맞다, 이럴 수는 없는 것 아니겠습니까? 더욱이 부처, 중생이다 나눌 까닭이 없다는 것입니다. 그런 이치를 알면 호오가 없는 것입니다. '저건 중생의 짓이다' '저건 부처의 일이다' 하면서 좋다 나쁘다를 나눌 까닭이 없는 것입니다.

다시 강조하지만 불교는 지혜의 가르침입니다. 참선은 왜 하는가, 염불은 왜 하는가, 공부는 왜 하는 것인가 하는 식으로 불교 공부는 왜 하는가, 불교는 왜 믿는가 하고 표현할 필요 없이 바로 물을 수 있습니다. "불교는 왜 하는가?" 바로 지혜로운 삶을 위해서입니다. 지혜로운 삶이란 모든 존재가 본래 가지고 있는 그 이치를 아는 것입니다. 이치를 알고 그 이치에 맞게 살면 끝입니다.

일 체 이 변
一切二邊

양 유 짐 작
良由斟酌

일체 이변은
진실로 짐작을 말미암는다.

모든 치우친 생각이 이변입니다. 일체가 다 상대적으로 구성되어 있지 않습니까? 그러나 실상은 이변이 있는 것이 아닙니다. 그것을 상대적인 것이라고 문제삼을 때 비로소 이변이 되는 것입니다. 그래서 '양유짐작良由斟酌'이라고 했습니다.

'양유짐작'을 '망자짐작'이라고 한 곳도 있습니다. '망자妄自'라고 한 것은 앞 구절에 '망자애착妄自愛着'이라는 말이 있기 때문인데, 바로 밑에 '망자'라고 하면 의미는 같지만 글의 재미가 덜합니다. 그래서 여기에서는 '양유짐작良由斟酌'이라고 보는 것이 글 모양상 좋지 않을까 생각합니다.

짐작이라는 것은 뭡니까? 고려하고 따져 보고 계산하는 것이 전부 짐작입니다. 그러니 좋다 나쁘다, 이것은 불법이다 이것은 세속법이다, 이런 것이 짐작입니다.

법당에 초가 꽂혀 있는데 하나 더 꽂으면 된다 안 된다, 향이 꽂혀 있는데 또 꽂으면 된다 안 된다, 이런 것을 가지고 지금 이 시간에도 곳곳에서 얼마나 옳다 그르다 시시비비 하고 있습니까? 그런 것은 아무것도 아닙니다. 법당 관리하는 사람 입장에서는 된다 안 된다 하지만, 모처럼 절에 와서 부처님께 정성으로 공을 들이려는 사람 입장에서는 향 꽂혀 있고 초 꽂혀 있어도 자신이 가져온 것을 올리고 싶은데, 그것을 되느니 안 되느니 하면 기가 찰 노릇입니다.

우리가 「신심명」 공부하면서 이런 이야기 할 계제는 아닙니다만, 예를 들자니 그렇습니다. 알고 보면 아무것도 아닙니다. 안 올려도 부처님이 왜 안 올렸느냐고 할 분이 아니시고, 많이 올렸다고 왜 많이 올렸느냐고 할 분도 아닙니다. 그러니 그런 시시비비는 결국 자기 나름의 주관과 소견을 설정해 놓고 거기에 집착하기 때문에 생기는 것입니다. 여기에서 문제가 생기고 고통이 생겨서, 사람이 본래 행복하게 살게 되어 있는데, 행복하고 편안한 삶과 거리가 멀어지는 것입니다. 알고 보면 아무것도 아닌 것을 그렇게 따지고 있습니다.

우리의 소의경전, 즉 반드시 의지해야 할 경전이 『금강경』인데, 여기에 아주 근사한 말이 하나 있습니다.

"일체법一切法이 개시불법皆是佛法이니라."

모든 것이 부처님의 법이고 깨달음의 법입니다. 깨달음의 세계 속에 다 존재합니다. 거꾸로 가든 옳게 가든 불법입니다. 심한 표현으로 전봇대로 귀를 후벼도 불법이라고 이해하는 데까지 가야 합니다. 그렇게 이해하면 자질구레한 것은 아무런 문제가 되지 않습니다.

모든 것이 편견으로 상반되게 보이는 것은 진실로 짐작함 때문이라고 합니다. 따져 보고 저울질하고 고려하면서 옳다 그르다 하는 것은 툭 터진 안목으로 보지 못하기 때문입니다. 앞에서도 "아주 작은 소견으로 의심한다"라고 했는데 의심하고 의심해서 '저게 옳은가 틀린가? 내 생각에 이게 옳은 것 같은데…' 하다 보니 본래의 모습과 멀어지고 바람직한 삶과도 더욱 멀어집니다.

몽 환 공 화
夢幻空華

하 로 파 착
何勞把捉

꿈이요 환이요 헛꽃인 것을
어찌 수고로이 잡으려 하는가.

경전 중에서도 특히 마음에 와 닿는 구절이 있듯이, 「신심명」에
서 제가 감동적으로 받아들이는 구절이 바로 이 대목입니다.

"몽환공화夢幻空華를 하로파착何勞把捉가. 득실시비得失是非를 일
시방각一時放却하라. 꿈이요 환이요 헛꽃인 것을 어찌 수고로이 잡
으려 하는가? 이득과 손실과 옳고 그른 것을 일시에 놔 버려라."

이 구절만 생각하면 가슴이 서늘합니다. 우리가 소중하다고
생각하며 애지중지하고, 그 어떤 가치보다도 우선하는 가치로
설정해 놓아 도저히 꼼짝도 안 하고 요지부동하는 가치관이나
인생관 또는 삶의 기준, 이것이 과연 무엇이겠습니까? 꿈이요,
환영이요, 헛꽃입니다. 그런데 우리는 수고롭게 생명보다도 더

중요하게 붙들고 놓치지 않으려고 합니다. 그러면 자기에게도 피해가 가고 옆 사람에게도 피해가 갑니다.

도대체 우리가 아는 것이 얼마나 되고 지혜가 얼마나 있다고 제대로 꿰뚫어 보고 알겠습니까? 따지고 보면 아는 것 하나도 없고 옳은 것 하나 없습니다. 우리가 살아온 나름의 경험과 알량한 작은 지식으로 기준을 설정해 놓고 거기에 맞추어 고집하는 것 아니겠습니까?

승찬 스님은 누구보다도 아프고 절절한 삶을 사신 분입니다. 참선을 하거나 경을 보거나 염불을 하거나 하지는 않았지만, 그저 혜가 스님을 만나 한마디에 이치를 깨닫고 마음을 돌리고 보니 꿈이요 환영이요 헛꽃입니다. 그런데 뭘 그렇게 수고롭게 붙들고 붙들고 또 붙들려고 하는가?

'파착把捉'은 목숨보다 소중하게 꽉 잡는 것입니다. 그래서 심지어 자기의 가치관에 목숨을 던져 버리는 사람도 있고, 평생 명에를 지고 사는 사람도 있습니다. 그런 것이 알량한 자신의 지식과 관습에 의해서 하나의 기준으로 설정해 놓은 것입니다. 그런 것을 탁 털어 버려야 합니다. 그것을 잡고 늘어질 일이 없다는 말입니다.

우리가 살아가는 데 기본적인 것은 당연히 해야겠지요. 손발 묶어 놓고 하늘만 쳐다보고 살자는 말이 아닙니다. 우리에게 닥친 일들은 당연히 현명하게 처리해야 합니다. 그러나 그것을 절대적인 것으로 여기고 목을 매달 정도여서는 안 된다는 것입니다.

세상을 보는 눈이 훤하게 툭 터져서 가족과 친지와 이웃에 전

파하여, 지혜의 안목이 조금이라도 확산되어서 세상을 정화할 수 있다면 바람직한 불자라고 하겠습니다.

우리가 자주 외우는 『천수경』에 "수지심시신통장受持心是神通藏 수지신시광명당受持身是光明幢"이라는 구절이 있습니다. 불법을 받아 지니는 마음에는 신통의 창고가 있고, 불법을 받아 지니는 사람은 광명의 깃발을 들고 세상을 리드하는 안내자가 된다고 했습니다. 이것이 바로 모든 문제 해결의 열쇠를 가지고 있는 안목입니다. 그래서 신통 창고라 한 것입니다. 특별한 요술 방망이가 있어서 그것으로 모든 문제를 해결하고 필요한 물건을 만들어 내는 식은 아닙니다. 원리를 알고 이치를 아니, 그 이치대로 해결한다는 말입니다. 이치대로 해결해서 안 될 일은 없습니다. 그러니 그것이 신통입니다. 그렇다면 배고프면 밥 먹고 피곤하면 자는 것이 신통이 아니겠습니까? 이치대로 사는 것이니 말입니다.

이러한 가르침을 공부하는 사람들은 이 공부가 조금이라도 많은 사람에게 확대되고 전파되게 하여야 합니다. 그야말로 광명의 깃발을 들고 앞으로 나아가 주변 사람들이 그를 따라 그들 인생의 길을 밝혀 주는 것이 불교가 이 땅에 있게 된 의미이고 보람입니다.

득 실 시 비
得失是非

일 시 방 각
一時放却

이득과 손실과 옳고 그른 것을
일시에 놓아 버려라.

　우리가 일상생활에서 하고 있는 것이 전부 얻고 잃고, 옳고 그른 것입니다. 이것에 이리저리 휘둘리고 좇아 다니며 삽니다. 오늘도 내일도 늘 그 심부름꾼으로 살아가는 것입니다. 그런데 이것에 너무 매달릴 일은 아니라는 것입니다. 다 놓아 버리라고 합니다.

　화두에도 '방하착放下着'이라고 해서 "놓아 버려라" 하는 말이 있는데 일상생활의 좌우명으로도 좋은 말입니다. 어떤 수행자가 "한 물건도 가져오지 않았을 때, 어떻게 해야 합니까?"라고 하니까 조주 스님이 "놓아 버려라"라고 하였습니다. 한 물건도 가져오지 않았다고 말하는 사람의 의식 속에는 이미 온갖 망상이 부글부글 끓습니다. 수천 근이나 되는 망상의 무게가 이 한마디 말

속에 보입니다.

조주 스님의 눈에는 그것이 보입니다. 그러니 "방하착하라. 놓아 버려라"라고 하신 것입니다. 다시 "한 물건도 가져오지 않았는데 어떻게 '놓으라'고 합니까?" 하니, "정 놓기 싫거든 짊어지고 가거라"라고 했습니다. 놓기 싫다는데 어떻게 하겠습니까? 자기가 지고 있으면서도 지고 있는 짐을 의식하지 못하는 것입니다.

조주 스님뿐만 아니라 자고로 그 어떤 선지식이라도 햇빛에 번뜩이는 서슬 퍼런 칼날과 같이 놀라운 지혜의 칼이 번뜩인다고 할 수 있습니다. 선불교는 말하자면 삶의 태도입니다. 태도라는 말은 지혜로운 삶을 뜻하는 것입니다. 우리는 살면서 어떤 태도를 취해야 하는가? 바로 불교적인 태도, 이것이 우리의 삶을 바로잡아 주고 바람직한 길로 안내해 주는 것입니다. 그 외에 달리 뭐가 있겠습니까? 승찬 스님의 뛰어난 가르침 속에서도 이러한 지혜로 우리의 삶이 좀 밝아지고 바뀌어야겠습니다.

안 약 불 수
眼若不睡

제 몽 자 제
諸夢自除

눈이 만약 잠들지 아니하면
모든 꿈이 저절로 사라진다.

우리는 잠을 자기 때문에 꿈을 꿉니다. 그러니 만약 눈이 잠들지 않으면 온갖 꿈들이 저절로 없어집니다. 잠을 자지 않으면 꿈을 꿀 수 없다는 것입니다. 아예 꿈이 없다는 말입니다. 이것은 하나의 비유입니다. 꿈은 비유면서도 우리의 삶과 깊은 관계가 있는 가르침으로서, 부처님이나 조사 스님들이 자주 인용하는 것입니다.

심 약 불 이
心若不異

만 법 일 여
萬法一如

마음이 만약 달라지지 않으면
만법이 일여하다.

만약 마음이 다르다고 여기지 않으면, 즉 선이니 악이니, 고요
하다느니 어지럽다느니 하는 상대적인 것들을 다르다고 여기지
않으면 만법이 일여하다고 하였습니다. 마음이 다르다고 여기니
일여하지 못합니다. 다르다고 여기지만 않으면 만법이 한결같은
것입니다.

만법이 일여하다는 것은 두루뭉수리하게 한 덩어리가 된다는
뜻이 아니라 낱낱이 각각 다르고 차별된 현상들을 그대로 차별
된 현상들로 인정하고 그것을 우리가 다 수용한다는 말입니다.
감나무는 감나무대로, 밤나무는 밤나무대로, 사과나무는 사과나
무대로 그 차별된 것을 그대로 수용하여 인정해 주고 그것이 가

지고 있는 능력과 본성을 십분 이해해 주는 그런 마음입니다.

"물에 비친 달과 같이 텅 빈 도량이지만 열심히 건립하라(建立
水月道場)"라는 말이 있습니다. 공하다고만 생각할 것이 아니고
열심히 도량을 건립하지만, 또 열심히 도량을 건립하면서도 그
것이 또한 공하다고도 생각할 줄 알아야 한다는 말입니다. 이것
이 말하자면 중도적인 안목입니다.

그러니 공하다고 치우쳐서 생각하거나 영원히 존재하는 사찰
이라고 생각하면 마음이 다르다고 보는 것이어서 공한 것과 있
는 것이 다르다고 보는 것입니다. 다르다고 보지 않으면 있는 것
이나 없는 것이나 일여합니다.

있는 것과 없는 것을 일여하게 보면 있는 것에서의 차별은 두
말할 것 없이 일여합니다. 없는 것에서의 차별 역시 한결같습니
다. 있는 것과 없는 것의 차별을 한결같다고 보면, 있는 것에서의
차별된 현상들은 두말할 나위 없이 한결같다고 볼 수 있습니다.

우리들의 소견은 늘 있다 없다, 좋다 나쁘다, 옳다 그르다,
선이다 악이다 하는 것을 자기 기준에 의해 판단하고 정의 내립
니다. 또한 자기 판단에 옳다고 하면 그저 좇아가는 것이 우리
의식 속에 깊이 박혀 있습니다. 이것은 쉽게 고칠 수 있는 것은
아니지만 선지식들의 시원한 깨달음의 말씀을 자주 접하고 마
음에 새기는 것이 우리가 할 수 있는 최선의 길입니다. 제가 늘
사경을 권하는데, 사경은 우리 마음을 한곳에 집중하는 훈련도
되지만, 공덕도 뛰어나고 특히 그 뜻을 깊이 이해하는 데 아주
좋은 방법입니다. 부지런히 사경을 하다 보면 뛰어난 지혜의 말

씀이 어느날 내 가슴에 확 다가오게 되고, 확 다가오면 그야말
로 공부를 다 마쳐 일 없는 사람이 되지 않을까, 이런 기대도 해
봅니다.

신심명 강의

제 9 강

일 여 체 현
一如體玄

올 이 망 연
兀爾忘緣

일여한 체는 깊고 깊어서
올연히 인연을 잊는다.

한결같다는 본체는 참으로 깊고 깊다고 하였습니다. 만법이 일여한 도리 자체는 참으로 미묘하고 현묘해서 차별된 모든 존재를 다 잊어 버립니다. 내 마음속에서 전부 조화를 이루고 무르녹기 때문에 그것을 달리 표현하여 올연하다고 하였습니다.

'올연'의 '올兀'은 '오똑하다'는 뜻입니다. 예를 들어서 인형을 만들어 한곳에 두면 하루 종일 그대로 있지 않습니까? 무심하게 그렇게 있습니다. 이런 것을 올연하다고 합니다. 그런 경지에서는 모든 존재의 차별상을 다 잊어 버립니다.

존재하는 모든 것은 연기에 의해 존재하기 때문에 '연緣' 자는 있다는 의미와 같습니다. 그런 있음의 차별상을 다 잊어 버린다

는 말인데, 없어진다는 것이 아니라 어떤 차별상이든지 다 수용
하고 차별을 차별로 보지 않는다는 뜻입니다.

만 법 제 관
萬法齊觀

귀 복 자 연
歸復自然

만법을 가지런히 보면
저절로 그러함에 돌아간다.

앞에서 '만법일여'라 했는데 만법이 일여하다는 말이나 만법을
제관齊觀한다는 말이나 똑같습니다. 만법을 평등하게 본다는 것
은, 너는 너 나는 나, 밤나무는 밤나무 감나무는 감나무, 모두가
나름의 장점과 능력과 의미와 가치가 있다고 보는 것입니다.

그렇게 보면 저절로 그러함에 복귀한다고 합니다. 우리는 복귀
라는 말을 쓰고 여기에서는 '귀복歸復'이라고 표현하고 있는데 같
은 뜻입니다. 여기에서 '자연'이라는 말은 자연 현상이 아니라 저
절로 그렇다는 말입니다. 그러니 감나무는 감나무 밤나무는 밤나
무, 남자는 남자 여자는 여자, 늙은이면 늙은이 젊은이면 젊은이,
각각 그 나름의 공능과 가치와 입장을 우리가 그대로 평등하게

수용할 때가 바로 저절로 그러한 상태입니다. 학의 긴 다리를 잘라서 오리의 짧은 다리에 맞춰 평등하게 하는 것이 아니라 오리 다리는 오리 다리대로 짧게, 학의 다리는 학의 다리대로 길게 봐주는 것이 바로 평등하게 보는 것이고 저절로 그러함입니다.

지극한 도니 대도니 할 때의 도 역시 완전한 자유고 조화의 극치입니다. 길게 생긴 것은 긴 대로, 짧게 생긴 것은 짧은 대로 보는 것이 조화입니다. 이것이 신심이고 선심이고 불심이고 법심입니다. 「신심명」 궁극의 의미가 바로 '만법제관萬法齊觀'입니다.

불교는 저절로 그러한 모습 그대로를 보자는 것이지 세상을 바꾸자는 것이 아닙니다. 불교는 세상을 어떻게 보느냐 하는 관점을 지혜롭게 갖자는 것입니다. 실상을 그대로 두고 제대로 꿰뚫어 보는 것이지 어떻게 달리 만들자는 것이 아닙니다. 그러므로 세상을 바꾸는 것이 아니라 있는 세상을 실상대로 바라볼 줄 아는 것이 '귀복자연歸復自然'입니다.

"만법을 평등하고 동등하게 보면 모든 존재가 저절로 그러함에 돌아간다." 우리는 그것을 수용하지 못하고 반드시 자기와 같아야 한다고 고집을 부립니다. '나는 이런데 왜 나와 다르냐'고 생각해서 문제가 생기는 것 아닙니까? 본인도 수시로 변하면서도 달라질 때마다 다른 사람과 갈등이 있을 때 또 그런 생각을 합니다. '도대체 왜 나와 다른가?'

우리는 우리의 관습이나 가치관을 설정해 놓고 거기에 맞추려고 합니다. 그래서 평등이라고 하면 누구나 똑같이 월급을 받아야 평등인 줄 압니다. 능력 있는 사람은 더 받고 능력 없는 사람은 덜 받는 것이 평등입니다.

절에는 "평등 공양에 차별 보시다"라는 말이 있습니다. 먹는 것은 똑같이 평등하게 하지만 보시는 차별되게 준다는 것입니다. 가치 있는 일을 한 사람에게는 가치만큼의 더 많은 보시를 준다는 뜻입니다. 후원에서 일하는 사람들이 고생은 많이 하지만 보시는 제일 적게 돌아갑니다. 그런데 위에서 머리를 쓰는 사람이라든지 지시하는 입장에 있는 사람들은 그렇게 일을 많이 한 것 같지는 않은데 보시는 많이 받습니다.

그것이 자연스러운 것이고 저절로 그러한 이치입니다. 그러한 이치를 지혜롭게 관찰해서 거기에 합당한 삶을 사는 것이 「신심명」에서 바라는 삶이고 불교에서 바라는 삶입니다.

결국 「신심명」은 조화의 극치를 이루어 제대로 된, 자유로운 삶을 말하고 있는 것입니다.

민 기 소 이
泯其所以

불 가 방 비
不可方比

그 소이를 없애면

견주어 비할 데가 없다.

'소이所以'는 꼬투리입니다. 뿌리가 되고 원인이 되고 이유가 되고 근거가 되는 것입니다. 한마디로 우리가 차별되게 보게 하는 꼬투리입니다. 우리들의 무명이라고 할 수 있습니다.

대부분의 사람들은 무엇인가 근거를 갖게 마련입니다. 그게 소이입니다. 보통은 까닭이라고 해석합니다만 여기에서는 까닭이라는 데서 좀 더 깊이 있는 해석으로 뿌리, 꼬투리, 근거라는 뜻입니다. 우리 마음의 씨앗입니다. 그런 것을 없애 버리면 현상의 차별을 비교하고 할 것이 없다는 말입니다.

우리는 늘 비교하면서 삽니다. 친구네 아파트는 몇 평이고 우리 집은 몇 평이고, 누구 집 차는 무엇이고 우리 집 차는 뭐고,

우리 집 아이는 몇 점을 받았고 옆집 아이는 몇 점을 받았고….
평생을 이렇게 비교하고 차별된 현상을 쫓아다니다가 볼일 다
봅니다. 그런 것에 팔려 사는 것이 우리 중생입니다.

그런데 그런 차별 현상을 일일이 문제삼는 마음만 없으면 비
교하고 견주는 일이 없어진다고 합니다. 견주고 비교하는 일이
없으면 있는 사람은 있는 대로 없는 사람은 없는 대로, 일등은
일등대로 꼴찌는 꼴찌대로, 그 역할과 가치를 같이 봐 주는 마음
으로 어떤 상황에서도 편안하게 살 수 있습니다.

앞에서도 예를 들었습니다. 돌담을 쌓는 데 꼭 큰 돌만 필요한
것이 아니라 작은 돌도 큰 돌 못지않은 가치를 지닙니다. 그래서
작은 돌이 필요할 때 작은 돌이 없으면 큰 돌을 깨서 작은 돌로
사용한다고 했습니다. 그래야 그 큰 돌이 작은 돌의 받침에 의해
서 그 위치를 유지하는 것입니다. 이것이 세상사입니다. 조화의
극치라고 할 수 있습니다. 이것이 바로 신심이고 선심이고 불심
입니다.

근거를 없애면 견주고 비교할 것이 없다는 말이 어려운 주문
이긴 합니다만, 결국 이 관문을 통과해야만 비로소 제대로 된 행
복과 제대로 된 평화를 누릴 수 있다는 것입니다.

지 동 무 동
止動無動

동 지 무 지
動止無止

그치면서 움직이면 움직임이 없고
움직이면서 그치면 그침이 없다.

앞에서 '동動'과 '지止'에 대해서 나왔습니다. '지止'는 고요하다
는 뜻이고 '동動'은 움직인다는 뜻입니다. 여기에서는 그치면서
움직인다, 즉 조용하면서 움직여야 한다고 합니다. 이것이 불교
적 논리입니다. 조용하면서 움직이면 움직임이 없다고 하였습니
다. 조용함이 바탕이 된 상태에서 움직이는 것은 아무리 움직여
도 움직임이 없는 것입니다. 그 다음에는 움직이면서 조용하면
조용함이 없다고 합니다. 자주 이야기되는 중도의 논리입니다.

그친다 움직인다 하는 것도 그치고 움직임에 치우쳐서 보지
않으면 아무리 움직이고 아무리 그쳐 있어도 그것에 걸리지 않
습니다. 이것은 또한 앞에서 이야기한 '저절로 그러함으로 돌아

가는 것'입니다. 정말 열심히 움직여야 할 사람이 안 움직이고 있으면 이상합니다. 또 고요히 있어야 할 때나 고요히 있어야 할 사람이 열심히 움직이면 그것도 이상합니다. 그러면 저절로 그러함이 되지 못합니다.

그래서 동과 지 역시 우리 마음의 상태를 이야기하면서도 일상생활에도 연관시켜서 생각할 수 있는 구절입니다.

양 기 불 성
兩旣不成

일 하 유 이
一何有爾

두 가지가 이미 이루어지지 않았으니
하나인들 어찌 있을 것인가.

앞에서와 같이 되면 움직인다 그친다 하는 것이 문제가 되지
않습니다. 상반되는 두 조건이 이미 성립되지 않는다는 말은 문
제가 되지 않는다는 뜻입니다. 그러니까 둘 다 이루어지지 않으
면 하나도 있을 수 없다는 말은 그대로 다 살아 있다는 뜻입니
다. 특별하게 하나만 치우쳐서 내세우고 주장하고 그 사람의 소
견만 옳다고 주장하면, 하나가 일어나니까 둘이 일어나고, 둘이
일어나면 넷이 일어나고, 넷이 일어나면 여덟이 일어나서 복잡
해집니다. '양기불성兩旣不成'과는 정반대가 됩니다.

"두 가지가 이미 성립되지 않으니 하나인들 어찌 있겠는가?"
이제 모든 것을 수용합니다. 조화를 이룬 자리이고 수용하는 자

리입니다. 하나뿐만 아니라 천 개 만 개가 다 있을 수 없습니다. 만 가지 법을 평등하게 보는 것이니 특별하게 어느 것 하나만 내세워 치우쳐서 주장할 일이 없다는 입장을 말하는 것입니다. 두루뭉수리하게 전부 엎어서 한 덩어리로 만들었다는 의미가 절대 아닙니다.

그대로 두어 평등하고 동등하게 보는 것입니다. 즉 둘이면서 둘이 아니고 하나면서 하나가 아닌 중도의 입장입니다. 결국 하나마저 없는 자리로서, 말하자면 궁극의 자리이고 중도의 자리입니다. 또한 조화의 극치이며 완전한 자유의 자리이고, 지극한 도의 자리이며, 대도의 자리, 신심의 자리, 선심의 자리, 법심의 자리라고 말씀드릴 수 있습니다.

구 경 궁 극
究竟窮極

부 존 궤 칙
不存軌則

구경이요 궁극이라

궤칙을 두지 않는다.

그렇다면 그 자리는 구경究竟이고 궁극입니다. 더 이상 나아갈 데가 없는 최고의 자리입니다. 그 자리를 중도라고 할 수도 있지만 고정된 법칙을 두지는 않는다고 하였습니다.

「신심명」은 함축이 심하기 때문에 한 마디 한 마디에 담겨 있는 의미가 매우 깊고 넓습니다. 그래서 세세하게 다 설명할 수 없지만 언젠가 마음에 와 닿아 '아, 이런 뜻이구나!' 하고 무릎을 칠 기회가 있을 것입니다. 그런 점에서 사경을 하고 읽고 생각을 해 봐야 합니다. 잠들 때 그냥 무턱대고 잠든다든지 쓸데없는 망상을 떠올리며 잘 것이 아니라 이런 구절 하나를 머리에 새기면서 잠이 든다면 이야말로 불자다운 일이 아니겠습니까?

계 심 평 등
契心平等

소 작 구 식
所作俱息

마음이 평등한 데 계합하면
짓는 것이 다 쉬리라.

마음이 평등한 데 계합해서 평등하게 된다고는 했지만 원래 마음은 평등한 것이 본모습입니다. 모든 사물, 모든 존재, 모든 현상이 중도의 원리로 존재하지만 그중에서도 마음에 가장 잘 나타나 있다고 앞에서도 말씀드렸습니다.

우리가 이렇게 부단히 활동하지만 그 근거를 찾아보면 텅 비었습니다. 그런 공과 유, 진공과 묘유가 조화롭게 잘 갖춰진 것이 우리 마음입니다. 그래서 마음은 본래 평등한 것입니다.

마음이 평등한 데 계합했기 때문에 글자대로 새기면 '심계평등心契平等'이라고 써야 한다고 생각합니다. 마음에 계합해서 평등해진다고 해도 틀린 것은 아니기 때문에 보통 '마음을 평등함에 계합한다'고 새깁니다.

마음을 평등한 데 계합하면 이제 '소작구식所作俱息'합니다. 평등함에 계합했기 때문에 무엇을 하더라도 차별되게 보이지 않습니다. 노동자는 노동자대로 사용자는 사용자대로 각자 자기 역할이 있어서 자기 역할에 충실한 것입니다. 그러면 굳이 무엇을 한다는 조작의 마음이 다 쉽니다. 얼른 보면 '소작구식'이란 말이 아무것도 하지 않고 그냥 쉬어 버린다는 의미로 해석할 수 있지만 그것은 아닙니다. 마음에 차별을 두고 보는 조작하는 마음이 쉰다는 말입니다. 그러면 자기 할 일 열심히 하고 다른 사람은 또 자기 할 일 열심히 해서 조화가 이루어지는 것입니다.

그런데 그렇게 보지 않고 '너는 왜 그런 일을 하느냐' '나는 왜 이런 일을 하느냐' 하는 식으로 차별되는 것만 자꾸 좇아가다 보면 하는 일이 하나하나 모두 들고일어나게 됩니다. 그러면 우리 마음에 그 하는 일들이 갈등을 일으켜서 문제가 야기됩니다. '소작구식'이 되지 못하는 것입니다.

그래서 마음을 평등한 데 계합하면 하는 일이 다 쉬어 버리고, 쉬어 버리면 누가 잘하고 누가 못한다는 시시비비의 갈등이 다 쉰다는 것입니다. 아무것도 안 하고 그냥 쉬는 것이 아닙니다.

우리 선가에서 '조고각하照顧脚下'라는 말이 있습니다. '다리 밑을 잘 살피라'는 뜻입니다. 보통 신발 벗는 데에다 글을 써 붙여 놓는데 단순히 자기 신발을 잘 찾으라는 의미가 아니라, '내 입장이 무엇인가?' '내가 할 일이 무엇인가?' '지금 내가 해야 할 의무는 무엇인가?' '이 자리에서 내가 해야 할 의무는 무엇인가?' 이런 것을 잘 살피라는 뜻입니다. 한 걸음 더 높이 올라가면 지금 이렇게 말하고 있는 주인공을 잘 살피라는 뜻입니다. 듣고 있을 때는 듣고 있는 진정한 본래면목을 잘 살피라는 의미까지 거슬러 올라갈 수 있습니다. 그와 같이 모두 자기 일에 충실하면 다른 사람들의 잘잘못에 대한 마음이 쉬어지는 것입니다.

"마음이 평등한 데 계합하면 짓는 것이 다 쉬리라."

오늘 밤 이 문제를 화두 삼아 사유하면서 잠들면 명상의 주제로서 바람직하지 않을까 하는 생각을 합니다.

신심명 강의

제10강

호 의 정 진
狐疑淨盡

정 신 조 직
正信調直
의심하고 의심하는 것이 깨끗이 다하면
바른 믿음이 조화롭고 곧다.

이것도 앞 구절과 같은 의미입니다. 마음이 평등한 데 계합
하여 마음이 다 함께 쉬어 버린다는 것은 모든 차별상을 마음속
에 수용하는 것입니다. 갈등하지 않고 비교하지 않으니 차별하
고 비교하는 데서 일어나는 모든 갈등이 쉬어 버립니다. 왜냐하
면 평등한 것을 보았기 때문입니다. 이것저것 비교해서 조화를
깨뜨리고 마음의 갈등이 일어나는 것은 의심하기 때문입니다.
갑자기 비교하는 생각이 생겨서 친하게 지내던 친구를 경계하게
되는 것이 의심입니다. 그런 의심이 깨끗이 사라지면 바른 신심
이 조화롭고 곧으리라고 하였습니다.
가장 바람직한 삶을 '신심'이라고 표현하였습니다. 지극한 도,

큰 도라고도 표현합니다. 저는 현대적인 표현을 빌려 완전한 평화와 자유로움이 넘치는 가장 이상적인 삶이라고 하였습니다.

차별된 현실 속에 살지만 차별에 떨어지고 차별에 속아 허우적대고 갈등하고 괴로워하는 것이 다 떨어져 마음이 깨끗이 다해 버린 것이 '호의정진'입니다. 여기에서 의심이라는 표현은 마음속에서 생각하고 비교하고 저울질하고 갈등하는 것을 모두 포함해서 하는 말입니다. 의심이 깨끗이 다하면 바른 믿음이 조화롭고 밝을 것이라고 하였습니다. 바른 믿음은 바람직한 삶입니다. 다시 말하면 대도이고 신심이고 불심이고 선심입니다. 그것이 조화롭고 밝을 것이라는 말은 잘 드러날 것이라는 뜻입니다.

일 체 불 류
一切不留

무 가 기 억
無可記憶

일체를 머물러 두지 아니하여
기억할 것이 없다.

승찬 스님은 오랜 세월을 다른 사람들보다 열 배 백 배 괴로워
하면서 차별상의 고통 속에서 살다가 눈을 떴기 때문에 차별상에
서 오는 갈등이 깨끗이 사라져 버린 분입니다. 그래서 「신심명」에
서는 우리가 차별상을 어떻게 봐야 하고 어떻게 소화하고 살아야
하는가를 많이 강조하십니다.

우리가 대하고 있는 온갖 차별 현상과 그로 인해 오는 죽음보다
더 아픈 괴로움과 고통이 있는데, 그것을 어떻게 수용하고 이해함
으로써 그런 문제에서 오는 병과 아픔과 고통을 깨끗이 해결한 것
인가가 그분의 과제였고 그 답이 「신심명」입니다. 그래서 신심은
불심과 선심의 의미를 다 포함하고 있습니다. 또한 지극한 도이고

큰 도이기도 해서 가장 바람직한 삶의 모습이라고 해석하였습니다.

여기에서는 그런 모든 차별상에 머물러 있지 않다고 합니다. 차별은 우리가 한순간도 떠나 있을 수 없습니다. 떠나서는 안 되게 되어 있습니다. 차별을 해야 살아남으니 차별이 현상의 생명입니다. 우리 손가락만 보더라도 그 길이가 낱낱이 다릅니다. 그 많은 손금도 방향과 가는 길과 굵기가 모두 차별이 있습니다. 그런 차별이 조화를 이루고 있다는 사실을 모르고 똑같이 만들려고 하는 것입니다.

옆집의 물건 크기를 보고 우리도 똑같아야 한다고 생각하는 일들이 얼마나 많습니까? 세상이 전부 그런 것으로 이루어져 있습니다. 그런 차별상 그대로, 크면 큰 대로 작으면 작은 대로 자기 인연과 능력과 취향 따라 하면 모든 것이 조화를 이룰 텐데 그렇게 하지 못하고 비교하고 갈등하기 때문에 문제가 생깁니다.

이런 비교와 갈등을 하지 않는 것이 '일체불류一切不留'입니다. 차별상에 머물러 있지 않으면 아무것도 마음에 새겨 두지 않습니다. 잊어 버리는 것이 아니라 그대로 보는 것입니다.

산에 가면 크고 작은 나무들의 차별이 있고, 풀의 차별이 있고, 나뭇잎과 가지들이 다 차별이 있습니다. 그렇다고 그 차별상을 봅니까? 그 차별 덕분에 조화롭고 아름답다고 생각합니다. 산천은 그래서 더 아름답습니다. 나무나 산이 판에 박은 듯이 똑같다면 삭막할 것입니다.

평등하게 보기 때문에 차별을 전혀 기억하지 않습니다. 그런 시각을 불법과 세상법이 차별하지 않고, 승과 속이 차별하지 않고, 부처와 중생이 차별하지 않고, 나아가 일체의 차별상을 차별하지 않는 데까지 이끌고 나아가야 합니다. 그것이 바로 '무가기억無可記憶'입니다.

허 명 자 조
虛明自照

불 로 심 력
不勞心力

텅 비어 밝고 스스로 비추어서
마음의 힘을 수고롭게 하지 않는다.

아무것도 기억하지 않아서 마음에 찌꺼기로 남겨 두지 않으면 텅 비고 저절로 밝아서 환하게 비추어 애써 마음 쓸 일이 아니라고 하였습니다.

우리는 산에 오르면서 높고 낮은 나무와 풀들을 보지만 신경 쓰지 않습니다. 그대로 '허명자조虛明自照'입니다. 텅 비고 밝은 마음으로 그냥 그대로 볼 뿐입니다. 그것을 뽑아서 키를 키우거나 잘라서 키를 낮추거나 하는 사람은 없습니다. 그대로 두고 보는 데 아무런 분별이 없습니다.

"텅 비고 밝게 스스로 비춰서 수고로이 마음 쓸 일이 아니니라."

정말 좋은 구절입니다. 「신심명」에서나 들을 수 있는 말씀입니다. 넉 자로 된 간단한 가르침이지만 이 속에 얼마나 깊은 교훈이 들어 있는지 모릅니다. 천 번 만 번 읽어도 더 읽을 것이 있고 천 번 만 번 써도 더 쓸 것이 있습니다. 제가 그동안 이해한 것으로 이해한 만큼 설명할 뿐이지 이 속에는 훨씬 더 많은 좋은 뜻이 담겨 있을 것으로 믿습니다. 저는 그저 해석의 하나라고 생각합니다.

흔히 우리도 '음악을 해석한다' '곡을 해석한다'는 표현을 합니다. '누구의 무슨 곡은 어떤 지휘자가, 어떤 연주자가 제대로 해석을 했다' '작곡자의 마음에 맞게 제대로 해석을 했다' '누가 역사적으로 잘 해석을 했다'는 말을 씁니다. 마찬가지로 깨달으신 분들의 주옥같은 가르침을 잘 이해해야 제대로 해석할 수 있습니다. 공부하는 사람들에겐 큰 과제라고 하겠습니다.

그래서 경전을 펼칠 때 읽는 「개경게開經偈」가 "무상심심미묘법無上深深微妙法 백천만겁난조우百千萬劫難遭遇 아금문견득수지我今聞見得受持 원해여래진실의願解如來眞實義"로 되어 있는데 끝 구절은 꼭 마음에 새겨야 합니다. "원컨대 여래의 진실한 뜻이 무엇인가를 이해하게 해 주십시오"라고 발원하고 경전 공부에 들어가는 것입니다. 그러면 바르게 설명할 수 있습니다. 불교는 역사가 깊고 깨달은 분들이 수천 수만 분 계셨기 때문에 그런 확철대오하신 분들이 남겨 놓은 한 말씀 한 말씀의 오묘한 뜻은 대단합니다. 그런 것들을 많이 접하고 이렇게 사유해 보고 저렇게 사유해 보고, 그런 것들의 의미는 무엇일지 해석해 보고, 또 깊이 이해하고 감동한 것을 다른 사람과 나누는 것, 이보다 더 좋은 것이 뭐가 있겠습니까? 이 세상을 살아가면서 수많은 일이 있지만 이런 최상승의 삶이야말로 바람직한 것이고 그런 만큼 우리 불자들의 큰 행운이라는 말씀을 드립니다.

모든 것의 차별 속에 묻혀 살고 눈만 뜨면 비교하고, 비교하면 갈등하게 되고, 그러다 보면 괴로움이 파생됩니다. 산에 가서 나무의 차별상을 보아도 마음에 아무런 거리낄 것이 없고 차별함으로써 조화롭고 아름답다는 것을 느끼듯이, 인간 사회에서도 그렇게 받아들이고 이해한다면 무엇이 걸릴 것이 있습니까? 그대로가 아름다우니 오히려 차별한 것이 좋은 일입니다. 그것이 바로 "텅 비고 밝게 스스로 비춰서 수고로이 마음 쓸 일이 아니다"라는 말입니다.

비 사 량 처
非思量處

식 정 난 측
識情難測

사량할 곳이 아니니
식정으로 측량하기 어렵다.

그런 경지는 비교한다고 해서 될 일이 아니라는 뜻입니다. 이러한 경지는 이상적인 삶으로서 서로 상반된 차별상을 동등한 가치로서 그대로 이해하고 받아들이는 것입니다. 이것이 바로 중도입니다. 어느 것 하나 배제하지 않고 취사선택하지도 않습니다. 처음에 이것을 가리고 저것을 버리는 일만 아니면 저절로 지극한 도를 누리면서 산다고 했는데, 바로 그것입니다. 그런 이상적인 삶은 우리가 헤아리고 분별한다고 될 일이 아니라는 말입니다. 무릎을 탁 친다든지 어느 순간 마음에 와 닿을 때 계합하는 것입니다.

사량으로써 듣고 사량으로써 이해하고 사량으로써 감동하면서 우리가 듣고 그 나름대로 좋다 나쁘다 하는 것이 바로 식정입니다. 그런데 우리가 현재 할 수 있는 일은 그것입니다. 그것으로 공부해 나가다 보면 어느 순간 식정으로 미치지 못하는 다른 차원의 길이 펼쳐져 있는 것을 보게 됩니다.

『금강경』에서 "모든 형상 있는 것은 전부 허망하니 형상에서 형상을 초월하면 바로 여래를 본다(凡所有相 皆是虛妄 若見諸相非相 卽見如來)"라고 하지 않습니까? 우리가 상 떠나서 한순간인들 살 수 있습니까? 사량과 식정으로써 치다꺼리하다가 어느 한순간 지혜의 눈이 확 뜨이면 사량에서 사량을 벗어난 경지, 식정에서 식정을 초월한 경지를 누리게 된다는 것입니다.

그렇게 이해해야지, 사량으로도 식정으로도 안 된다면 암담한 일입니다. 사량과 식정이 보통 사람의 살림살이임에는 틀림없습니다. 그러나 그 자리에서 치다꺼리를 하며 공부를 해 나가는 과정에 언젠가 사량에서 사량이 아닌 경지, 식정에서 식정이 아닌 경지가 열린다는 것입니다.

여기까지 「신심명」에서 하고 싶은 이야기는 거의 다 했습니다. 이후로는 마무리하고 총결산하며 정리하는 형식으로 되어 있습니다.

진 여 법 계
眞如法界

무 타 무 자
無他無自

진여법계에는

타인도 없고 자신도 없다.

앞에서는 대도, 지도, 중도, 이상적인 삶이라고 표현했는데 다른 말로 하면 진여법계라 할 수 있습니다. 어디에도 치우치지 않고 차별과 비교에서 오는 갈등이 다 사라진 가장 평화롭고 행복한 이상적인 삶이 진여법계인데, 그 자리에는 남도 없고 나도 없다고 합니다. 남도 없고 자기도 없으면서 더욱더 자기와 남을 분명하게 분별하고 이해하는 길이 여기에서 필요합니다.

평소에 이런 이치를 몰랐을 때는 나다 너다 하면서 아상·인상·중생상·수자상을 내던 그런 나와 너는 사라지고 한 경계를 넘은 것입니다. 너의 가치와 내 가치를 동등하게 보고, 내 입장과 너의 입장을 동등하게 보아서 중도적인 삶 속에서 함께 공유하는 것이 '무타무자'입니다. 두루뭉수리하게 한 덩어리가 되었다는 뜻이 아닙니다. 한 덩어리면서 또 분명하게 나눠지는 것입니다.

남이 볼 때는 한 집안 식구가 똑같이 한 덩어리라 생각하지만 그 집에서는 너는 너, 나는 나, 어른과 아이가 분명히 나눠져 있고 또 나눠져 있어야 합니다. 아버지 옷을 아이가 입고 아들 옷을 엄마가 입으면서 엉망으로 혼란스럽게 된다는 것이 아닙니다. 또 어떤 의미에서 보면 정말 한 덩어리가 되어 너도 나도 없는 삶이 될 수도 있다는 것은 굳이 설명하지 않더라도 잘 아시리라 생각합니다.

신심명 강의

제11강

요 급 상 응
要急相應

유 언 불 이
唯言不二

급히 상응하기를 바란다면
오직 둘이 아니라고 말할 뿐이다.

진여법계에서 너와 내가 혼연일체되는 원융무애한 삶을 말씀
드렸습니다. 그런데 그런 경지를 우리가 바로 수용하려면 3아승
지겁을 수행해야 하는 등 오랜 세월이 걸리니 그런 것 말고 바로
내 공부로 할 수 없을까 하고 생각하는 사람이 있다면, 오직 '불
이不二'라고 말할 수밖에 없다고 하였습니다.

너와 내가 둘이 아니고, 남자와 여자가 둘이 아니고, 나아가서
선과 악이 둘이 아니고, 시와 비가 둘이 아니고, 일체가 둘이면
서 둘이 아닌 경지를 이야기하고 있습니다. 분명히 둘로 나누어
져 있고, 또 둘은 모든 현상계를 형성하는 상대적인 이치로써 만
들어져 있는 것은 사실이지만, 그 자리에서 조화의 극치인 원융

무애한 삶을 여기에서 '둘이 아니다'라고 말하였습니다.

불교에서 '불이'란 참 좋은 말 중에 하나입니다. 둘이 아니라는 말은 분명히 둘인 것을 전제로 한 말입니다. 둘인 데서 둘이 아닌 이치를 보자는 것이고, 또 둘인 곳에서 둘이 아닌 삶을 살자는 것이 '불이'입니다.

'불이'라는 말은, 『유마경』의 「입불이법문품入不二法門品」이 그 원조라고 할 수 있을 정도로 가장 유명합니다. 『유마경』은 『법화경』과 함께 대승불교운동의 선언서라고 생각합니다. 그만큼 대승불교를 역설하는 내용입니다. 특히 세속의 일개 거사가 기존 승단은 물론 보살 지위에 있는 사람들의 견해를 전부 부숴 버리고 새로운 길을 열어 주는 내용입니다.

유마 거사가 병이 들어 앓아 누워 있으면서 부처님을 생각합니다. '내가 이렇게 아픈데 만약 부처님이 위로해 주신다면 참 고마울 텐데…' 하는 생각을 합니다. 그때 부처님께서 그 마음을 아시고 제자들을 병문안 보냅니다. 그 당시는 세속에서는 유마 거사, 출세간에서는 석가모니 부처님이 쌍벽을 이루는 형식을 분위기였습니다.

부처님은 십대제자에게 한 사람 한 사람 대표가 되어 병문안을 하도록 부탁합니다. 십대제자라는 말은 이 『유마경』에서 뚜렷하게 나타납니다. 다른 경전에서는 십대제자라고 구체적으로 쓰지 않습니다.

그런데 십대제자 한 분 한 분이 모두 손색이 없을 정도로 뛰어난 분들인데 부처님의 부탁을 듣고는 "저는 도저히 갈 수가 없습니다. 왜냐하면 제가 어느 때 이러이러한 일을 하고 있었는데 그때 마침 유마 거사가 지나가다가 제가 하고 있는 이러이러한 일에 대해서 뭐라고 말씀하시는데 유마 거사의 가르침이 제가 생각하지 못했던 차원 높은 이치라서 그때 참 부끄러웠습니다"하면서 과거 이야기를 거론하며 도저히 병문안을 못 가겠다고 이야기합니다.

지계제일持戒第一 우바리 존자의 이야기를 예로 들겠습니다. 어떤 두 비구가 파계를 하고서 우바리 존자에게 와서 참회를 청했습니다. 원칙주의자인 우바리 존자는 큰 계를 범했기 때문에 참회가 도저히 안 된다고 이야기해서 오히려 파계한 비구들을 더 낙담하게 하고 더 이상 헤어나지 못하는 방향으로 몰고 가 버렸습니다. 유마 거사가 그런 사실을 알고 "어떻게 사람을 그런 식으로 가르치는가? 계율이 도대체 그런 것인가?" 하며 우바리 존자를 크게 꾸짖습니다.

이 이야기는 「증도가」에도 등장하는데 "두 비구가 아주 무거운 죄를 범했는데 우바리 존자는 반딧불 같은 소견이라 오히려 죄 지은 사람이 참회할 수 있도록 해 주기는커녕 죄의 매듭을 더욱 더 증폭시켜 주었다. 그런데 유마 거사는 몰록 그들의 의심을 없애 주고 죄를 참회하게 하여 마치 뜨거운 태양이 눈이나 서리를 한꺼번에 녹여 버리는 것 같이 법문을 했다(有二比丘犯淫殺 波離螢光增罪結 維摩大士頓除疑 還同赫日銷霜雪)"라는 대목이 있습니다.

이런 영가 스님의 평이 「증도가」에 나오는데, 이것이 바로 『유마경』에 근거한 이야기입니다.

가섭 존자 이야기도 있습니다. 가섭 존자가 탁발을 나가서 복을 지어 준다고 가난한 집만 다녔는데 유마 거사가 "법에 평등한 사람은 걸식을 하는 데에도 평등하다"라는 유명한 말을 남기면서 "어떻게 가난한 집과 부잣집을 가려서 걸식을 하는가? 가난한 집만 다니면서 복을 지어 준다면 그것이 출가자로서 될 법이나 한 소리인가? 도대체 이치를 알고 하는가?"라고 꾸중합니다.

또 해공제일解空第一로 유명하며 『금강경』의 주인공이기도 한 수보리 존자도 걸식을 나가서 '평소에 가난해서 당신들 먹기에도 힘든데 어떻게 수행자들에게 보시할 의식이 있겠는가?' 하고는 부잣집만 다니면서 탁발했습니다. 그것도 유마 거사가 보기에는 당치 않은 짓입니다. 걸식을 하려면 부잣집이든 가난한 집이든 평등하게 똑같이 다니면서 해야지, 이유를 대면 다 이유가 있게 마련인데 알량한 자비심으로 차별해서 사람을 대했다고 혼이 납니다.

이런 식으로 십대제자가 전부 유마 거사에게 수모를 당합니다. 그런 기억을 되살리면서 제자들이 도저히 갈 수 없다는 말을 합니다. 그래서 이어지는 「보살품」에서 부처님께서 다시 보살들에게 병문안을 지시합니다. 그런데 그들도 과거에 유마 거사에게 가르침을 받았던 기억을 되살리면서 갈 수 없다고 하는 이야기가 전개됩니다.

『유마경』은 참 재미있는 경전입니다. 그런 내용들 때문에 제가 '대승불교운동의 선언서'라고 표현합니다. 불교는 출가·재가를 막론하고 모든 인류가 함께 누려야 할 큰 지혜의 가르침입니다. 출가인 중심으로 승단이 이루어져야 한다는 의식을 깨뜨리는 것이 바로 『유마경』입니다. 유마 거사의 입을 통해서 출가 제자들의 견해와 사상을 사정없이 깨뜨려 버립니다. 『유마경』이 이런 형식을 취하고 있는 이유는 '불교는 인류 공동의 것'이고, 승가는 출가인 중심의 집단이 아니라 '부처님의 가르침을 믿고 따르는 사부대중을 함께 일컫는 것'이라는 말을 하려는 것입니다.

부처님의 가르침을 따르는 집단은 사부대중으로 구성되어 있으니 모든 사람이 가르침을 공유해야 하므로 승단 중심으로 나아가서는 안 된다는 것이 바로 대승불교운동의 특징이라고 할 수 있습니다. 승속을 가리지 않고, 남녀를 가리지 않고, 빈부귀천에 상관없이, 불성이 있는 사람은 성불할 수 있다는 주장을 펴는 것이 대승불교운동의 핵심입니다. 『법화경』이나 『유마경』은 그런 입장에서 초기 대승경전의 큰 역할을 담당했던 것입니다.

다시 돌아와서, 불이 이야기는 『유마경』이 원조라고 말씀드렸는데, 아홉 번째 품이 「입불이법문품」입니다. 여기에서 문수보살이 대표가 되어서 많은 보살과 부처님 제자들을 거느리고 병문안을 합니다. 문수보살이 대표가 되어 갔으니 유마 거사와 문수보살이 주로 대화를 나눕니다. 그러다가 둘이 아닌 이치에 대해서 이야기하게 됩니다.

유마 거사가 여러 보살들에게 "여러분들이여! 어떻게 하면 보살이 둘이 아닌 법문에 들어갈 수 있습니까? 한 사람씩 돌아가면서 둘이 아닌 이치를 좀 말씀해 주십시오"라고 말합니다. 법문이 이제 시작되는 것입니다. 그래서 각자 나름대로 둘이 아닌 이치를 이야기합니다. 마지막에 문수보살이 이야기하는데 문수보살이 이렇게 이야기합니다.

"일체 법에 대해서 말이 없고 보여 주는 것도 없고 아는 것도 없는 것, 그래서 온갖 문답까지도 떠난 그 자리가 불이법문에 들어가는 도리입니다."

그리고는 "우리는 이렇게 이야기했습니다만 유마 거사께서는 둘이 아닌 도리에 들어가는 것을 어떻게 이야기하겠습니까? 주인공이신 유마 거사님께서 말씀해 주십시오" 하고 부탁을 합니다.

그러나 유마 거사는 아무 말 없이 가만히 있습니다. '묵연무언默然無言', 묵연히 말이 없습니다. 이것을 '비야리에서 거사가 입을 닫았다[居士毘耶杜口]'라고 표현합니다. 유마 거사가 계시던 비야리성에서 입을 닫은 법문이라고 합니다. 한참 있다가 문수보살이 "훌륭하고 훌륭하십니다. 문답을 떠난 것이 불이법문이라고 억지로 표현했는데, 문자와 언어가 하나도 없이 그 말마저 하지 않은 유마 거사야말로 진정 불이법문에 들어가신 것입니다" 하고 칭찬합니다.

우리는 편의상 말을 활용합니다. 말을 통해서 의사를 전달하고 법문도 하고 경전도 강의하고 온갖 생각과 마음을 말로 표현합니다만, 궁극에 가서는 말이란 것이 도구로서의 역할을 제대로 못합니다. 둘이 아닌 이치 하나만 가지고도 "이런 말도 떠나고 문답도 떠난 것이 둘이 아닌 이치입니다" 하고 말해 봤자 이미 말이 있는 것입니다. 그런데 유마 거사는 그 말마저 하지 않고 묵묵히 있었으니 제대로 보여 주었다고 문수보살이 칭찬하는 것입니다.

『유마경』 최고의 불이법문이 유마 거사가 아무 말이 없는 것처럼, 말이 없음으로 해서 서로 상반되고 상대적인 모든 것들이 무르녹고 조화를 이루어 '저절로 그러함'을 드러냅니다. '저절로 그러함'이라고 말을 붙이는 것도 이미 군더더기가 되어 버립니다. 그래서 말이 없음으로써 불이를 보여 주어야 하지만 글로 쓰다 보니 "오직 불이라고 말할 수밖에 없다"고 표현하고 있습니다.

불 이 개 동
不二皆同

무 불 포 용
無不包容

둘이 아니면 다 같아서
포용하지 아니함이 없다.

　둘이 아니라는 것은 둘 다 같다는 뜻입니다. 남자도 여자도 아
니라는 말은 남자와 여자가 동등한 자격과 가치와 역할이 있다는
의미입니다. 그래서 다 살려 낸다는 뜻입니다. 둘이 아니라고 하
면서 둘 다 부정하는 것은 궁극적으로 둘 다 살려 내는 의미가 있
습니다. 그러므로 '무불포용無不包容', 즉 다 포용한다고 하였습니
다.

　우리가 상반된 견해와 상대되는 관계 속에서 일상을 살아가면
서 모든 것을 부정하는 입장으로만 계속 나아간다면 깨달은 분들
의 말씀에 맞지 않습니다. 모두 포용한다는 말은 그 안에서 각자
의 가치와 공능과 의미를 갖고 그대로 살아나는 것을 뜻합니다.

이것을 달리 표현하면 무시하지 말라는 것입니다. 나와 동등한 자격이 있고 동등한 가치가 있고 동등한 의미가 있으므로 남을 무시할 수 없습니다. 그 나름의 가치를 찾고 이해해야 한다는 것입니다. 몇 번 비유를 들었습니다만 담을 쌓을 때 큰 돌과 작은 돌은 크기의 차이는 있으나 큰 것이나 작은 것이나 각각의 가치와 역할이 있다는 것입니다. 큰 돌 없이는 작은 돌은 무용지물이고 작은 돌 없이는 큰 돌도 아무 소용없습니다. 작은 돌이 밑에서 괴어 주어야 큰 돌이 큰 돌로서의 역할을 합니다. 모든 것이 그렇게 구성되어 있으니 그것을 이해하고 조화롭게 살자는 것입니다.

불교의 가르침은 지극히 조화로운 삶을 살자고 하는 것입니다. 그것이 바로 중도고, 원융圓融이고, 융화融和고, 원효 스님이 말씀하신 화쟁和諍입니다.

시 방 지 자
十方智者

개 입 차 종
皆入此宗

시방의 지혜로운 사람은
모두 이 종지에 들어간다.

우리도 이론적으로 배우고 사량분별로써 '아, 그렇구나' 하고
이해를 하지만, 그래도 이런 공부를 하는 것만으로도 지혜로운
것이니 이 종지에 해당되지 않는다고 말할 수는 없습니다.

이 종지란 둘이 아닌 이치입니다. 둘이면서 둘이 아닌 이치,
그래서 중도인 삶, 조화로운 삶, 원융하고 융화로운 그런 삶을
'이 종지'라고 표현하였습니다.

종 비 촉 연
宗非促延

일 념 만 년
一念萬年

종지는 촉박하거나 오랜 것이 아니니
한순간이 만년이로다.

    중도의 경지, 조화로운 경지, 원융하고 융화로운 경지는 시간
적으로 길거나 짧은 것이 아니라고 하였습니다. '촉促'은 짧은 것
이고 '연延'은 긴 것입니다. 시간적으로 짧거나 긴 것이 아니라는
것은 시간과 관계없다는 것, 즉 시간을 초월한 것입니다. 그래서
한 생각이 만년이라고 하였습니다. 수억만 년의 시간도 일 초를
빼버리면 존재하지 않습니다. 일 초 일 초가 모여서 수억만 년의
시간이 되는 것입니다. 그래서 일 초 속에 만년이 다 포함되어
있습니다.

    우리 불자님들이 잘 외우고 계시는 것 중에 "한 생각이 곧 한
량없는 세월이고 한량없는 길고 긴 겁이 곧 한순간이다(一念卽是

無量劫 無量遠劫卽一念)"라는 말이 있습니다. 여기서 생각이라는 것은 순간을 뜻합니다. '한 생각 일으켰다'라고 할 때의 그 한 생각이 아니라 한순간을 말합니다. 그러므로 '일념만년一念萬年'은 "한순간이 만년이다"라고 해석해야 합니다.

무 재 부 재
無在不在

시 방 목 전
十方目前

있고 있지 않음이 없어서
시방이 목전이로다.

 앞 구절은 시간의 입장에서 말한 것이고 여기서는 공간의 입장에서 말합니다. 중도, 불이의 종지는 있거나 있지 않음이 없다, 즉 어디에는 있고 어디에는 없고 한 것이 아니라는 말입니다. '시방목전十方目前'이라고 했습니다. 시방세계가 바로 눈앞이니 시방세계가 어디든지 다 있다는 말입니다. 그래서 시간적으로 한순간도 떠나지 않고 공간적으로도 어디에나 다 존재하는 것, 이것이 바로 진리입니다.

 사막은 각박한 땅이니 존재하지 않고 무성한 수풀이 울창한 곳만 존재하는 일은 있을 수 없습니다. 중도의 종지는 어느 곳이든 다 존재합니다. 그래서 「법성게」에서는 "일미진중함시방一微塵中含十方 일체진중역여시一切塵中亦如是"라고 했습니다. 한 먼지 속에 이치가 포함되어 있는데 어느 특정한 곳에 있는 먼지만 그런 것이 아니고 모든 먼지가 똑같이 그러한 이치를 내포하고 있다는 것입니다. 이 구절이 「법성게」의 가르침과 딱 맞아떨어진다고 볼 수 있습니다.

극 소 동 대　　망 절 경 계
極小同大　忘絕境界

극 대 동 소　　불 견 변 표
極大同小　不見邊表

지극히 작은 것은 큰 것과 같아서

경계가 모두 끊어지고,

지극히 큰 것은 작은 것과 같아서

변표를 볼 수 없다.

　여기에서도 계속 '차종此宗'을 이야기하고 있습니다. 차종은 융화와 조화의 극치이고 가장 이상적인 삶인데, 이것은 결국 일심의 작용입니다. 그것이 지극히 작은 것이기 때문에 큰 것과 같다고 하였습니다. 그리고 크기 때문에 경계가 끊어졌다고 합니다. 지극히 크다고 말하고 있지만 본래는 지극히 작기 때문에 큰 것과 같다고 표현했습니다.

　그 다음은 반대로 지극히 큰 것은 작은 것과 같아서 겉을 볼 수가 없다고 하였습니다. 어느 정도 크기가 있어야 속이 있고 겉이 있을 텐데 워낙 작아서 겉이 없다는 것입니다.

　지극히 작은 것은 큰 것과 같고 지극히 큰 것은 작은 것과 같다는 말에는 깊은 뜻이 담겨 있습니다. 크고 작음의 이치를 가지고 있으면 어느 것이나 다 해당합니다. 앞에서 예로 들었던 「법성게」 구절과 같은 이치라고 할 수 있습니다. 한 미진 중에 시방세계를 포함하고 있는 이치입니다.

늘 말씀드렸듯이 중도의 이치가 모든 것을 포함하고 있지만, 그중에서도 우리 마음이 중도의 법칙에 가장 잘 맞는 존재입니다. 그리고 "불법佛法은 심법心法이다"라는 말도 있듯이 언제나 마음을 근거로 하고 있습니다.

이 「신심명」도 마음을 근거로 하고 있으나 그 마음을 통해서 우리 삶이 영위되는 까닭에 우리 생활과 끊임없이 관계를 지어가면서 해석하고 있습니다. 우리 생활이 마음을 떠나서 있는 것이 아니기 때문에 그렇게 이야기해야 합니다. 또 중도라는 것, 지극한 도라는 것, 또 대도라는 것은 우리의 삶을 떠나서 존재하는 것이 아니라 우리 삶에 근거를 두고 있습니다. 마음과 우리의 삶과 대도니 중도니 지도니 하는 이 모든 것들이 혼연일체입니다. 표현만 다를 뿐 사실은 '하나'입니다.

모든 것이 마음에 근거하고 있기 때문에 이 구절도 마음의 이치에 대해 듣고 생각해 본 사람이면 바로 이해할 수 있습니다. 우리 일상생활에 빗대어서 해석해 보아도 해당되지 않는 데가 없을 것입니다. 결국 진리가 우리 삶과 동떨어진 것이 아니고 바로 우리 삶의 일면을 이야기하고 있는 것이라고 이해하시면 되겠습니다.

신심명 강의

제12강

유 즉 시 무
有卽是無

무 즉 시 유
無卽是有

있는 것은 곧 없는 것이요
없는 것은 곧 있는 것이다.

앞에서는 크고 작은 문제에 대해서 이야기했고 여기에서는 있음과 없음에 대해서 이야기합니다. "있다고 하는 것은 곧 없는 것이고 없다고 하는 것이 곧 있는 것이다"라고 말합니다. 작은 것과 큰 것의 관계도 곰곰이 생각해 보면 마음의 경지는 말할 것도 없고 우리 일상생활에서도 충분히 이해할 수 있는 가르침이기도 합니다. 있음과 없음의 문제는 더욱더 그렇습니다. 불교에서는 있음의 문제에 대해서 이야기를 많이 합니다. 안·이·비·설·신·의도 있고, 색·성·향·미·촉·법도 있고, 고·집·멸·도도 있고, 십이인연도 있고, 팔정도도 있고, 전부 있다고 이야기합니다. 왜냐하면 진리와 존재의 실상에 대해서 아무런 사전 지식이 없는 사람으로서는 눈에 보이고 귀에 들리는 상식이 전부이기 때문입니다.

그런데 존재의 문제에 대해서 부처님이나 조사 스님들의 가르침을 통해서 우리가 다시 생각해 보면 있다고 하는 것이 꼭 있는 것만도 아니고 없다고 해서 꼭 없는 것만도 아니라는 사실을, 크게 깨닫진 못했다 하더라도 말씀을 통해서 짐작하고 느끼게 됩니다. 결국에는 그런 문제에 눈을 뜨게 되는 것입니다.

사실 있다고 하는 것을 꼭 있다고 말할 수 없습니다. 불교에 대한 상식이 조금이라도 있는 사람이라면 알아들을 것입니다. 또 없다고 하는 것도 정말 없는 게 아닙니다. 요즘 물리학적인 이론에 의하면 보이지 않는 공간에도 100여 가지가 넘는 원소가 있다고 합니다. 또 있다고 하는 것도 가만히 분석해 보면 모든 것이 인연에 의해 결합이 되어서 겨우 있는 것처럼 보일 뿐이지, 사실은 독립된 완전한 존재는 아무것도 없습니다. 물질의 최소 단위라고 하는 것도 그것을 더 나누는 기술이 아직 부족해서 그렇지, 얼마든지 나누어질 성질의 것입니다. 근래에 물질의 최소 단위를 '쿼크quark'라고 이름 붙였는데 그것도 가만히 들여다보면 하나의 결합체라고 합니다.

이와 같이 모든 것이 있다고 하더라도 그것은 거짓으로 있는 것이고, 연기에 의해서 잠깐 그렇게 있는 것처럼 보이는 것일 뿐입니다. 없는 것도 사실은 그냥 없는 게 아닙니다. 이 정도의 이론은 구태여 길게 설명하지 않더라도 불교 공부를 하는 사람에게는 상식적인 것입니다.

불교 교리도 처음에는 고 · 집 · 멸 · 도나 팔정도, 십이인연 같은 것이 있다고 하는 입장에서 이야기를 해 나가다가 그것이 어느 정도 익숙해지면 그 다음에 없다는 이야기로 접어듭니다. 그것이 반야사상입니다. 없는 것으로 볼 줄 아는 것이 반야인데, 그것이 지혜입니다. 있는 것을 있는 대로 보는 것은 아직 지혜라고 할 수 없습니다. 상식적인 안목이기 때문입니다. 그런데 있는 것을 없다고 볼 줄 알고, 없는 것을 있다고 볼 줄 알면 그것은 상당한 지혜라고 할 수 있습니다. 그래서 경전 중에 제일 양이 많다고 하는 600부 반야부 경전에서는 '있는 것을 없는 것으로 보고 없는 것을 있는 것으로 볼 줄 아는 것이 지혜다'라고 설명합니다.

반야부 경전 중에서 우리가 아침저녁으로 늘 외우는 『반야심경』을 보면 안 · 이 · 비 · 설 · 신 · 의도 없고, 색 · 성 · 향 · 미 · 촉 · 법도 없고, 십이인연도 없고, 팔정도도 없고, 사성제도 없다고 합니다. 그래서 있는 모든 것은 공이고, 공한 것은 곧 있는 것이라고 합니다. 『반야심경』의 용어를 빌리면 "색즉시공 공즉시색 色即是空 空即是色" 그대로입니다. 이렇게 볼 줄 아는 안목은 이미 반야의 안목이라는 것입니다.

『금강경』도 그렇습니다. 부처님의 진정한 모습은 현상을 초월해서 존재하는 것이다, 현상에서 현상이 공한 것으로 볼 줄 아는 안목이 반야의 안목이요 지혜의 안목이고, 따라서 그 안목이 있을 때 비로소 여래를 볼 수 있다고 말하지 않습니까?

600부나 되는 반야부 경전의 종지는 하나로 통일되어 있습니다. 바로 '유즉시무有即是無요 무즉시유無即是有'입니다.

약 불 여 차
若不如此

필 불 수 수
必不須守

만약 이와 같지 아니하면
반드시 모름지기 지킬 것이 아니다.

　만약 이와 같은 이치와 안목과 지혜가 아니라면 지켜서는 안
된다는 말입니다. 있는 것이 없는 것이고 없는 것이 있는 것이라
는 것이 말장난이 아니라 정말 이치가 그렇다는 사실을 이해하
지 못하여, 있다고 하거나 없다고 하면서 변견에 떨어져 있다면
불교적인 안목에서는 우리가 지켜야 할 사상이나 주의 주장이
아니라는 말입니다.

　그러므로 계속 이야기했지만 이것이 바로 중도적인 안목이고,
또 중도적인 안목이란 모든 존재가 중도의 원리에 의해서 존재
하기 때문에 그 원리대로 바로 본 것입니다. 이것은 부처님이 만
든 것도 아니고 새로운 것도 아닙니다. 가만히 들여다보면 모든

존재가 중도의 원리에 의해서 존재합니다. 정확히 말하면, 존재하는 데는 어떤 원칙이 있는데 그것을 불교에서는 중도의 원리라고 명명한 것입니다. 중도가 있고 모든 존재 원리가 그것을 따르는 것이 아니라, 모든 존재는 존재 원리가 있는데 그것을 불교에서는 중도의 원리다, 중도의 법칙이다, 중도의 원리대로 존재한다고 표현하는 것입니다.

이름을 붙이는 것은 나중에 사람들이 한 일입니다. 부처님이나 깨달은 사람들이 뜻을 전달하기 위해서 편의상 이름을 붙인 것이지 원리보다 이름이 먼저 생긴 것이 절대 아닙니다. 불교 공부를 많이 하다 보면 이름이 먼저 생기고 그 원리가 나중에 따라오는 것처럼 착각할 때가 있습니다. 그런데 사실은 원리가 본래 있는 것이고 깨달으신 분들이 그 이치를 전하기 위해서 이름을 붙여서 사용하는 것입니다. 그래서 있는 것이 없는 것이고, 없는 것이 있는 것으로 구성되어 있는 모든 존재가 바로 중도의 원리라는 것입니다. 그것에 입각해서 사는 것이 우리가 따를 만한 일이고, 우리가 살아가는 데 정말 이해해야 할 가르침이라고 할 수 있습니다.

그래서 만약 이와 같은 이치가 아니고 어디에 치우친 견해라면 지킬 일이 아니라고 하였습니다.

일 즉 일 체
一卽一切

일 체 즉 일
一切卽一

하나가 곧 일체요
일체가 곧 하나이다.

앞에서 시간적으로 공간적으로 원리를 설명했습니다. 시간적으로 한순간은 장구한 세월이고 장구한 세월은 한순간이며, 또 공간적으로 하나의 작은 존재가 모든 것이고 모든 것이 작은 존재라고 했습니다.

이 이야기를 다시 한 번 정리하면, 시간이든 공간이든 하나가 일체이고 일체가 곧 하나라는 말입니다.

단 능 여 시
但能如是

하 려 불 필
何慮不畢

다만 이와 같이만 된다면
어찌 마치지 못함을 염려하겠는가.

하나가 일체이고 일체가 하나이고, 있는 것이 없는 것이고 없
는 것이 있는 것이고, 큰 것이 작은 것이고 작은 것이 큰 것인 이
것이 바로 중도의 원리입니다.

가만히 들여다보면 모든 것이 그렇게 존재하고 있습니다. 그
런데 우리 눈에는 쉽게 들어오지 않습니다. 있는 것과 없는 것은
어느 정도 이해합니다. 시간에 대해서 한순간이 영원이고 영원
이 한순간이라는 것도 불교 공부를 어느 정도 한 사람들은 그런
대로 이해할 수 있습니다. 그렇게 해서 중도 원리를 자기 견해,
자기 소신으로 굳힌다면 공부를 마치지 못한 것을 걱정할 필요
가 없다고 하였습니다. 그 속에 다 있기 때문입니다.

신 심 불 이
信心不二

불 이 신 심
不二信心

신심은 둘이 아니며
둘이 아닌 것이 신심이다.

믿는다는 것과 마음이 둘이 아니라는 것입니다. 믿는다는 것은 결국 무엇이 믿는다는 것입니까? 마음이 믿는 것입니다. 마음이 무엇을 믿겠습니까? 마음을 믿는 것입니다. 마음이 마음을 믿는 것입니다. 그래서 믿는 것과 믿을 대상이 결국 둘이 아니고, 그 둘이 아닌 것을 한마디로 신심이라고 하였습니다.

여기서 신심은 일반적으로 생각하는 종교적 신앙이 아니라, 불심이고 선심이고 도심이고 법심이라고 늘 이야기해 왔습니다. 신심이 바로 중도고, 중도는 모든 것의 근본입니다.

그러므로 둘이 아니라고 하는 것은 그동안 말씀드려 왔듯이 두루뭉수리로 한 덩어리가 된다는 뜻이 아니라 각각이 완전무결하게 독립되어 있으면서 독립된 것들끼리 전혀 걸리지 않고 조화를 이루는 것입니다. 원융하고 융화한 것이 둘이 아니라는 이치입니다.

둘이 아니라는 이치도 『유마경』 이야기를 통해서 말씀드렸습니다. 신심의 경지, 깨달음의 경지, 중도적 경지에 빨리 계합하려면 한마디로 둘이 아닌 이치를 알라고밖에 달리 말할 것이 없다고 했습니다.

모든 것이 둘로 나뉘어져 있는데 굳이 둘이 아니라고 하면서 둘이 아닌 입장으로 이해하고 보고 살 때, 그것이 바로 신심이고 중도이고 불심이고 법심이고 도심입니다.

언 어 도 단
言語道斷

비 거 래 금
非去來今

언어의 길이 끊어져서
과거 미래 현재가 아니다.

　지금까지 승찬 스님께서는 지극히 절제된 표현을 썼습니다. 그렇게 절제된 표현을 썼음에도 불구하고 이러한 절제된 말로도 표현될 것이 아닙니다. 아무리 말을 아끼고 아껴서 표현해도 결국은 언어로써 표현될 일이 아닙니다. 그래서 언어의 길이 끊어졌다고 하였습니다.

　다음 구절은 시간적인 입장입니다. 과거 미래 현재라는 시간을 떠나서 삶이라는 것이 존재할 수 없지만, 중도의 입장, 즉 둘이 아닌 입장에서 보면 시간적으로도 원융무애해서 어느 것이 과거이고 어느 것이 미래라고 할 수 없다는 것입니다.

　『금강경』에도 "과거심불가득過去心不可得 현재심불가득現在心不

可得 미래심불가득未來心不可得"이라는 말이 있습니다. 우리가 마음 마음 하지만 과거의 마음이라고 해서 찾아낼 수 없고 현재의 마음도 시간성을 가지고 집어낼 수 없다는 것입니다.

그러면서 모든 시간에 두루 변재해 있는 것이 또한 마음이기도 합니다. 마음이 일체 사물은 아닙니다만 일체 사물에 두루 스며 있는 것이 또 우리 마음입니다. 사물에도 그렇고 시간에도 그렇습니다. 시간과 공간이 아니면서 모든 시간, 모든 공간에 두루 해 있는 것이 또한 마음입니다. 그런 마음의 중도성을 우리가 잘 이해해야 한다는 이야기입니다.

신심명 강의를 마치며

　이제 「신심명」을 다시 한 번 정리하면서 결론을 말씀드리겠습니다.

　불교는 왜 믿고 불교 공부는 왜 하는 것일까요? 여러 가지 대답이 있을 수 있습니다. 저는 이렇게 대답하고 싶습니다. 지혜로운 삶을 위해서다. 물론 자비도 상당히 소중하기 때문에 지혜와 자비의 종교라는 말을 하고 있습니다만, 제가 본 불교는 지혜를 더 우선시합니다. 지혜가 있을 때 우리는 행복해집니다. 그런 점에서 다른 표현을 빌리자면 행복하기 위해서 불교를 믿는다고 해도 틀린 말이 아닙니다. 다만 행복하기 이전에 지혜가 있어야 합니다. 지혜 없이는 제대로 된 행복이 올 수 없습니다. 그렇다면 행복과 지혜를 전제로 한 불교적 삶이란 무엇인가? 바로 신심의 삶이고, 중도적 삶이며, 지극한 도의 삶입니다.

　「신심명」은 짧은 글이지만 팔만대장경을 응축해 놓은 글이기도 합니다. 그래서 모든 문제 해결의 열쇠가 여기 있습니다. 팔만대장경에 있다고 하면 어디 가서 찾을지 모르지만, 「신심명」 안에 모든 문제 해결의 열쇠가 있다 하면 양이 얼마 되지 않으니 누구나 찾을 수 있을 것입니다.

살다가 어떤 문제가 해결되지 않고 난관에 봉착하여 깨달은 분과 부처님의 지혜가 필요할 때, 「신심명」을 한번 펼쳐 본다면 그 속에 틀림없이 문제 해결의 열쇠가 있을 것입니다. 해결할 수 없는 문제는 없습니다. 자세히 읽어 보시면 가능할 것입니다.

또 불교를 통해서 복을 얻으려고도 합니다. 복을 얻으려고 하면 복 짓는 일도 불교를 통해서 배웁니다. 복 짓는 일을 배우는 것 역시 불교를 믿는 이유 중에 하나라고 할 수 있습니다. 기복불교가 잘못된 것은 아닙니다. 누구든지 복 받으면서 행복하게 살고 싶어 하는 것이 인간의 본능이니 기복불교를 마냥 폄하할 일은 결코 아닙니다.

지혜로운 삶은 정말 행복을 불러오고 물질적으로도 풍요롭게 합니다. 지혜로우면 행복할 뿐만 아니라 물질적으로도 얼마든지 풍요로워진다는 말입니다. 초보 불자들은 대개 자녀들의 진학 문제나 물질적인 문제를 상당히 염두에 두고 불교에 다가섭니다. 그것도 좋은 인연입니다. 그런데 불교는 실제로 그런 문제도 해결해 줍니다. 왜냐하면 불교 공부를 하면 지혜로워지니 모든 문제를 현명하게 판단하고 처리할 수 있습니다. 무턱대고 매달리고 떼쓰지 않습니다.

부처님같이 큰 깨달음을 이루신 분의 섬세한 가르침, 또 혼자만의 가르침이 아니라 2,600여 년의 세월을 거쳐 오면서 무수히 많은 깨달은 분들이 전 인생을 통째로 바쳐서 얻은 큰 깨달음에서 나온 현명하고 지혜로운 가르침들이 많습니다. 그런 가르침을 통해서 우리가 어떤 문제든지 현명하고 지혜롭게 판단하고 처리할 수 있습니다.

불자라는 말은 부처님의 아들딸이라는 말 아니겠습니까? 부처님의 아들딸이면 지상에서 제일 가는 명문가의 귀족이라는 뜻입니다. 과거 우리 선조가 남의 집 종이었는지 왕족이었는지는 중요한 것이 아닙니다. 부처님의 아들딸이라는 것보다 더 명문가는 없고 부처님의 집안보다 더 높은 귀족 집안은 없습니다.

이것에 대해서 우리 불자들은 높은 긍지와 자부심을 가져야 합니다. 지상에서 제일 가는 명문가의 귀족이라는 사실에 큰 긍지와 자부심을 갖고 부처님의 가르침과 부처님 이후의 수많은 깨달은 분들의 가르침을 공부하면서 지혜를 깊이 갈고 닦아야 합니다. 그래서 행복을 추구하면 행복을 얻고, 물질이 풍요로워지고 싶어 하면 풍요로워지고, 문제가 있다면 그 문제도 현명하게 판단하고 처리하여, 궁극적으로 지혜롭고 행복한 삶을 성취하시기를 바랍니다.

이렇게 해서 「신심명」 설명을 마칩니다. 처음부터 다시 한 번 새겨보시기 바랍니다. 우리가 불교 공부를 하루 이틀 하고 말 것도 아니고, 우리나라에서는 어쩔 수 없이 중국을 거쳐서 불교가 유입되었기 때문에 모든 불교 성전이 한문으로 되어 있으니 한문을 새겨 보는 것도 중요합니다. 우리에게는 산스크리트가 아니라 한문이 원전입니다. 우리나라도 한문 문화권에 있기 때문에 조금만 마음을 쓰면 한문으로 된 경전이나 어록을 충분히 이해할 수 있습니다.

이번 기회에 글 새기는 것도 익혀 두시면 큰 도움이 되지 않을까 생각합니다. 전체적으로 많은 시간을 두고 깊이 사유하고 자꾸 입으로 읊조려 보고 글로 써 보시면 마음에서 하나하나 깨우쳐 갈 수 있으리라 믿습니다.

신심명 원문

신심명 원문

지 도 무 난　　유 혐 간 택
至道無難이요 唯嫌揀擇이니

지극한 도는 어려움이 없으며 오직 간택함을 싫어할 뿐이니

단 막 증 애　　통 연 명 백
但莫憎愛하면 洞然明白이니라

다만 미워하고 사랑하지 아니하면 환하게 명백하리라.

호 리 유 차　　천 지 현 격
毫釐有差하면 天地懸隔하나니

털끝만큼이라도 차이가 있으면 하늘과 땅처럼 벌어지나니

욕 득 현 전　　막 존 순 역
欲得現前이어든 莫存順逆하라

(도가) 앞에 나타남을 얻고자 하면 순하고 거슬림을 두지 말라.

위 순 상 쟁　　시 위 심 병
違順相爭이 **是爲心病**이니

어기고 순함이 서로 다투면 이것이 마음의 병이 되나니

불 식 현 지　　　도 로 염 정
不識玄旨하고 **徒勞念靜**하리라

깊은 뜻을 알지 못하고 한갓 수고로이 생각만 고요하게 하고
자할 뿐이로다.

원 동 태 허　　　무 흠 무 여
圓同太虛하야 **無欠無餘**라

원만하기가 태허공과 같아서 모자람도 없고 남음이 없으니

양 유 취 사　　　소 이 불 여
良由取捨하야 **所以不如**라

진실로 취사심으로 말미암아 그러한 까닭에 그와 같지 못함
이니라.

막 축 유 연　　　물 주 공 인
莫逐有緣하고 **勿住空忍**하라

유연도 좇지 말고 공인에도 머물지 말라.

일 종 평 회　　민 연 자 진
一種平懷하면 泯然自盡이라

한가지로 바르게 마음에 품으면 민연히 사라져서 저절로 다
하리라.

지 동 귀 지　　지 갱 미 동
止動歸止하면 止更彌動하나니

움직이는 것을 그쳐 그친 데로 돌아가면 그쳐 있던 것이 다시
더 움직이나니

유 체 양 변　　영 지 일 종
唯滯兩邊이라 寧知一種가

오직 양변에 막힘이라, 어찌 한가지임을 알 수 있겠는가.

일 종 불 통　　양 처 실 공
一種不通하면 兩處失功이니

한가지라는 사실을 통하지 못하면 두 곳에서 그 공능을 잃어
버리나니

견 유 몰 유　　종 공 배 공
遣有沒有요 從空背空이라

유를 보내면 유에 빠지고 공을 따라가면 공을 등짐이라.

다 언 다 려　　전 불 상 응
多言多慮면 轉不相應이요

말이 많고 생각이 많으면 더욱 상응하지 못함이요,

절 언 절 려　　무 처 불 통
絶言絶慮라야 無處不通이라

말이 끊어지고 생각이 끊어지면 통하지 못할 데가 없느니라.

귀 근 득 지　　수 조 실 종
歸根得旨요 隨照失宗이니

근본에 돌아가면 뜻을 얻고 비춤을 따르면 종지를 잃어 버리나니

수 유 반 조　　승 각 전 공
須臾返照하면 勝却前空이라

짧은 시간에 돌이켜서 비추면 앞 경계가 공한 것보다 수승하리라.

전 공 전 변　　개 유 망 견
前空轉變은 皆由妄見이니

앞의 경계가 공하여 변하는 것은 모두 망견을 말미암은 것이니

불 용 구 진　　유 수 식 견
不用求眞이요 唯須息見이니라

진을 구하려 하지 말고 오직 소견을 쉬어야 하리라.

이 견 부 주   신 막 추 심
二見不住하야 愼莫追尋하라

두 가지 견해에 머물지 말고 삼가 추심하지 말라.

재 유 시 비   분 연 실 심
纔有是非하면 紛然失心이니라

막 옳고 그른 것이 있기 시작하면 분연히 마음을 잃으리라.

이 유 일 유   일 역 막 수
二由一有니 一亦莫守하라

둘은 하나를 말미암아 있는 것이니 하나 또한 지키지 말라.

일 심 불 생   만 법 무 구
一心不生하면 萬法無咎니라

한 마음이 생하지 아니하면 만법에 허물이 없음이니라.

무 구 무 법   불 생 불 심
無咎無法이요 不生不心이라

허물이 없으면 법도 없고 생멸도 없고 마음도 없음이라.

능 수 경 멸   경 축 능 침
能隨境滅하고 境逐能沈이라

능(주관)은 경(객관)을 따라서 멸하고 경(객관)은 능(주관)을 좇아서 잠김이라.

경 유 능 경   능 유 경 능
境由能境이요 **能由境能**이니

객관은 주관을 말미암은 객관이요 주관은 객관을 말미암은
주관이니

욕 지 양 단   원 시 일 공
欲知兩段인댄 **元是一空**이니라

양단을 알고자 하면 원래 하나의 공이니라.

일 공 동 양   제 함 만 상
一空同兩하야 **齊含萬象**이니라

하나의 공은 둘과 같아서 삼라만상을 가지런히 포함함이라.

불 견 정 추   영 유 편 당
不見精麤니 **寧有偏黨**가

정과 추를 보지 않나니 어찌 편당이 있겠는가.

대 도 체 관   무 이 무 난
大道體寬하여 **無易無難**이어늘

대도는 그 체가 너그러워서 쉬움도 없고 어려움도 없건만

소 견 호 의   전 급 전 지
小見狐疑하여 **轉急轉遲**로다

작은 견해로 의심하고 의심해서 급하게 할수록 더욱 더디어
지도다.

집 지 실 도   필 입 사 로
執之失度라 **必入邪路**요

너무 집착하면 법도를 잃어 버려 반드시 삿된 길로 들어서게 되고

방 지 자 연   체 무 거 주
放之自然이라 **體無去住**라

놓아 버리면 저절로 그러함이니 자체에 가고 머묾이 없음이라.

임 성 합 도   소 요 절 뇌
任性合道하여 **逍遙絶惱**하고

성품에 맡기면 도에 합해서 소요자재히 번거로움을 끊고

계 념 괴 진   혼 침 불 호
繫念乖眞하여 **昏沈不好**니라

생각에 얽매이면 진실과 어긋나나니 혼침도 좋지 아니하니라.

불 호 노 신   하 용 소 친
不好勞神에 **何用疎親**가

좋지 않은 것과 정신을 수고롭게 하는 것에 어찌 멀고 가까움을 사용하겠는가.

욕 취 일 승   물 오 육 진
欲趣一乘인댄 **勿惡六塵**하라

일승에 나아가고자 할진댄 육진을 싫어하지 말라.

육 진 불 오   환 동 정 각
六塵不惡하면 **還同正覺**이라

육진을 싫어하지 않으면 또한 정각과 같음이라.

지 자 무 위   우 인 자 박
智者無爲어늘 **愚人自縛**이로다

지혜로운 사람은 조작이 없거늘 어리석은 사람은 스스로 묶이도다.

법 무 이 법   망 자 애 착
法無異法이어늘 **妄自愛着**하야

법에는 다른 법이 없거늘 망령되이 스스로 애착해서

장 심 용 심   기 비 대 착
將心用心하니 **豈非大錯**가

마음으로 마음을 쓰니 어찌 크게 그르치는 것이 아니겠는가.

미 생 적 란   오 무 호 오
迷生寂亂이요 悟無好惡라

미혹하면 고요함과 어지러움이 생기고 깨달음에는 좋고 싫음

이 없나니

일 체 이 변   양 유 짐 작
一切二邊은 良由斟酌이로다

일체 이변은 진실로 짐작을 말미암음이로다.

몽 환 공 화   하 로 파 착
夢幻空華를 何勞把捉가

꿈이요 환이요 헛꽃인 것을 어찌 수고로이 잡으려 하는가.

득 실 시 비   일 시 방 각
得失是非를 一時放却하라

이득과 손실과 옳고 그른 것을 일시에 놓아 버려라.

안 약 불 수   제 몽 자 제
眼若不睡하면 諸夢自除요

눈이 만약 잠들지 아니하면 모든 꿈이 저절로 사라지며

심 약 불 이   만 법 일 여
心若不異하면 萬法一如니라.

마음이 만약 달라지지 않으면 만법이 일여하니라.

일 여 체 현　　올 이 망 연
一如體玄하야 兀爾忘緣이라

일여한 체는 깊고 깊어서 올연히 인연을 잊어서

만 법 제 관　　귀 복 자 연
萬法齊觀에 歸復自然이니라

만법을 가지런히 봄에 저절로 그러함에 돌아가니라.

민 기 소 이　　불 가 방 비
泯其所以면 不可方比라

그 소이를 없애면 견주어 비할 데가 없음이라.

지 동 무 동　　동 지 무 지
止動無動이요 動止無止니

그치면서 움직이면 움직임이 없고 움직이면서 그치면 그침이
없나니

양 기 불 성　　일 하 유 이
兩旣不成이니 一何有爾리오

두 가지가 이미 이루어지지 않았으니 하나인들 어찌 있을 것
인가.

구경궁극　　부존궤칙
究竟窮極이라 **不存軌則**이로다

구경이요 궁극이라 궤칙을 두지 아니함이며

계심평등　　소작구식
契心平等하야 **所作俱息**이니라

마음이 평등한 데 계합하면 짓는 것이 다 쉬리라.

호의정진　　정신조직
狐疑淨盡하면 **正信調直**이라

의심하고 의심하는 것이 깨끗이 다하면 바른 믿음이 조화롭
고 곧음이라.

일체불류　　무가기억
一切不留라 **無可記憶**하면

일체를 머물러 두지 아니하여 기억할 것이 없으면

허명자조　　불로심력
虛明自照하야 **不勞心力**이라

텅 비어 밝고 스스로 비추어서 마음의 힘을 수고롭게 하지 아
니함이라.

비 사 량 처　　식 정 난 측
非思量處라 識情難測이로다

사량할 곳이 아니니 식정으로 측량하기 어려움이로다.

진 여 법 계　　무 타 무 자
眞如法界는 無他無自라

진여법계에는 타인도 없고 자신도 없음이라.

요 급 상 응　　유 언 불 이
要急相應하면 唯言不二로다

급히 상응하기를 바란다면 오직 둘이 아니라고 말할 뿐이로다.

불 이 개 동　　무 불 포 용
不二皆同하야 無不包容하나니

둘이 아니면 다 같아서 포용하지 아니함이 없음이니

시 방 지 자　　개 입 차 종
十方智者가 皆入此宗이라

시방의 지혜로운 사람은 모두 이 종지에 들어감이라.

종 비 촉 연　　일 념 만 년
宗非促延이니 一念萬年이요

종지는 촉박하거나 오랜 것이 아니니 한순간이 만년이요,

무 재 부 재　　시 방 목 전
無在不在하야 十方目前이로다

있고 있지 않음이 없어서 시방이 목전이로다.

극 소 동 대　　망 절 경 계
極小同大하야 忘絶境界하고

지극히 작은 것은 큰 것과 같아서 경계가 모두 끊어지고,

극 대 동 소　　불 견 변 표
極大同小하야 不見邊表라

지극히 큰 것은 작은 것과 같아서 변표를 볼 수 없음이라.

유 즉 시 무　　무 즉 시 유
有卽是無요 無卽是有니

있는 것은 곧 없는 것이요 없는 것은 곧 있는 것이니,

약 불 여 차　　필 불 수 수
若不如此면 必不須守라

만약 이와 같지 아니하면 반드시 모름지기 지킬 것이 아니니라.

일 즉 일 체　　일 체 즉 일
一卽一切요 一切卽一이니

하나가 곧 일체요 일체가 곧 하나이니

단 능 여 시　　　하 려 불 필
但能如是하면 **何慮不畢**가

다만 이와 같이만 된다면 어찌 마치지 못함을 염려하겠는가.

신 심 불 이　　불 이 신 심
信心不二요 **不二信心**이라

신심은 둘이 아니며 둘이 아닌 것이 신심이니,

언 어 도 단　　　비 거 래 금
言語道斷하고 **非去來今**이로다

언어의 길이 끊어져서 과거 미래 현재가 아님이로다.

무비 스님의 신심명 강의

초판 1쇄 펴냄 2007년 3월 2일
개정 3쇄 펴냄 2022년 5월 30일

강   설 | 무비 스님
발 행 인 | 정지현
편 집 인 | 박주혜

대   표 | 남배현
본 부 장 | 모지희
마 케 팅 | 조동규, 김관영, 조용, 김지현, 서영주

펴 낸 곳 | 조계종출판사
주   소 | 서울시 종로구 삼봉로 81 두산위브파빌리온 831호
전   화 | 02-720-6107
팩   스 | 02-733-6708
홈페이지 | www.jogyebook.co.kr
이 메 일 | jogyebooks@naver.com
출판등록 | 제300-2007-78호(2007.04.27.)
구입문의 | 불교전문서점 향전(www.jbbook.co.kr) 02-2031-2070